Paula Tavares

AMARGOS COMO OS FRUTOS

POESIA REUNIDA

Paula Tavares

AMARGOS COMO OS FRUTOS

POESIA REUNIDA

Rio de Janeiro, 2011

Copyright © 2011
Ana Paula Tavares, Editorial Caminho SA, Lisboa, 2011

Primeira edição dos livros: 1985, Ritos de passagem, União de Escritores Angolanos, Luanda; 1999, O lago da lua, Editorial Caminho, Lisboa; 2001, Dizes-me coisas amargas como os frutos, Editorial Caminho, Lisboa; 2003, Ex-votos, Editorial Caminho, Lisboa; 2007, Manual para amantes desesperados, Editorial Caminho, Lisboa; 2010, Como veias finas na terra, Editorial Caminho, Lisboa.

Editoras
Cristina Fernandes Warth
Mariana Warth

Coordenação editorial
Marília Garcia

Produção editorial
Aron Balmas
Rafaella Lemos
Silvia Rebello

Projeto gráfico de miolo
Marília Garcia

Projeto gráfico de capa
Mariana Newlands

Diagramação
Debora Fleck

Imagens
José Luandino Vieira

(Este livro segue as novas regras do Acordo Ortográfico da Língua Portuguesa.)

Todos os direitos reservados à Pallas Editora e Distribuidora Ltda.
É vedada a reprodução por qualquer meio mecânico, eletrônico, xerográfico etc., sem a permissão por escrito da editora, de parte ou totalidade do material escrito.

CIP-BRASIL. CATALOGAÇÃO-NA-FONTE
SINDICATO NACIONAL DOS EDITORES DE LIVROS, RJ

T228a
    Tavares, Paula, 1952-
        Amargos como os frutos: poesia reunida / Paula Tavares. - Rio de Janeiro: Pallas, 2011.

        264p. : il.

        Inclui bibliografia

        ISBN 978-85-347-0466-3

        1. Poesia angolana. I. Título.

11-3783.   CDD: 869.8996731
                                                               CDU: 821.134.3(673)-1

Pallas Editora e Distribuidora Ltda.
Rua Frederico de Albuquerque, 56 – Higienópolis
cep 21050-840 – Rio de Janeiro – RJ
Tel./fax: 21 2270-0186
www.pallaseditora.com.br
pallas@pallaseditora.com.br

RITOS DE PASSAGEM

[1985]

PREFÁCIO À EDIÇÃO PORTUGUESA: PASSAGEM PARA A DIFERENÇA

Inocência Mata

> *no meio*
> *cresce*
> *insondável*
> *o vazio...*
> PAULA TAVARES
> (*"O mamão"*, *Ritos de passagem*)

Lembro-me sempre de que *Ritos de passagem*, o primeiro livro de poesia de Paula Tavares, foi uma das (muitas) obras que me obrigaram a pôr em causa muitas das "verdades" então aprendidas sobre as literaturas africanas (bem-aventurados aqueles que, com a leitura de um livro, põem em causa o que leram no anterior!). Parafraseando a poetisa (no seu poema "colonizámos a vida"), posso afirmar que *Ritos de passagem* colonizou-me o olhar, plantando no mar das minhas leituras as unhas da distância que separa cada tempo e cada circunstância e enchendo as lacunas da minha memória com as cicatrizes da inquietação. É esta inquietação que fui satisfazendo em cada leitura que Paula Tavares (me) foi oferecendo, em *O lago da lua* (1999) ou em *Dizes-me coisas amargas como os frutos* (2001), em *Ex-Votos* (2003) ou em *Manual para amantes desesperados* (2006), ou em outras, as de Ana Paula Tavares, *O sangue da buganvília* (1998), *A cabeça de Salomé* (2004) ou *Os olhos do homem que chorava no rio* (2005).

Assim, quando, ainda estudante, tive a oportunidade de ler este livro que agora se reedita, numas férias em Luanda, em 1985, pude ver que aquela poesia não se "encaixava" na gaveta dos processos simbólicos que o significante mulher adquire na poesia africana que eu estudara – entusiasmada e confiante – nas disciplinas de Literaturas Africanas, fosse ela de autoria masculina ou feminina. Porém, não posso dizer que eu tenha ficado perplexa, pois na altura ainda não me dispusera a procurar diferenças, estando mais preocupada com as semelhanças, com as aproximações, a fim de construir enquadramentos teóricos, como convém a qualquer campo que se proponha à área de investigação. Foi apenas um assomo de agitação, de encantamento... Em todo o caso, a leitura de *Ritos de passagem* (assim como de *Sabores, odores & sonho*, de Ana de Santana, livro coetâneo do de Paula Tavares) constituiu para mim, então leitora porventura mais sensorial do que intelectual, um ritual de passagem de um estádio de leitura de fruição para o de prazer, para me reportar a uma subtil distinção de Roland Barthes. Assim, hoje, em reflexão retrospectiva, rememorando o meu deslumbramento naquele dezembro de 1985, posso afirmar que, por essa altura, começara a apreender o valor da diferença de vivências, tanto em termos sincrónicos (outros agentes sociais, com outros saberes e sabores) quanto em termos diacrónicos (outros tempos, outras urgências, em que o olhar eufórico já ia cedendo lugar a uma visão menos condescendente com as relações internas de poder – que, afinal, são as relações entre homem e mulher nas sociedades africanas, sejam elas rurais ou urbanas).

E deslumbramento porquê? Porque via pela primeira vez, na poesia africana, uma escrita em que a voz da mulher se fazia ouvir na sua individualidade, na sua feminilidade, na sua corporalidade, mesmo utilizando os mesmos "materiais", tanto substanciais (os elementos da natureza e da sociocultura angolanas) e formais (os recursos de linguagem) dos "consagrados", aqueles que, pela escrita, nos fizeram imaginar a comunidade pela figuração simbólica do elemento feminino como matriz do nacional, da concertação e da força comunitária vital. É, pois, a partir desses sinais de inflexão literária que gosto de pensar o "local da cultura" de *Ritos de passagem*: é que não descurando a dimensão comunitária, *Ritos de passagem* anuncia uma busca individual, mais íntima e sonhadora, mesmo quando a sua preocupação última é colectiva, como se percebe no último poema da colectânea, que reúne poemas escritos entre 1983 e 1985, na circum-navegação espácio-temporal da própria autora: Luanda, Benguela, Cabinda, Havana...

Ritos de passagem é um caderno de poesia organizado em três andamentos ("De cheiro macio ao tacto", "Navegação circular", "Cerimónias de passagem"), precedidos de um poema, "Cerimónia de passagem", que lhe impõe o ritmo iniciático. Não se trata, pois, de um livro circular, antes de um "antes" e de "depois", em que se percebe, claramente, o processo de aprendizagem, o resultado de um procedimento, do círculo que fecha o princípio: "a zebra feriu-se na pedra/ a pedra produziu lume". Ao todo vinte e quatro poemas, que da percepção sensorial se passa à contemplação conscienciosa e, até, à palavra performativa, de que o poema "Desossaste-me" é paradigmático:

Desossaste-me
          cuidadosamente
inscrevendo-me
          no teu universo
          como uma ferida
          uma prótese perfeita
          maldita necessária
conduziste todas as minhas veias
          para que desaguassem
          nas tuas
                    sem remédio

meio pulmão respira em ti
o outro, que me lembre
          mal existe

                    Hoje levantei-me cedo
                    pintei de tacula e água fria
                       o corpo aceso
                    não bato a manteiga
                    não ponho o cinto
          vou
          para o sul saltar o cercado

Neste andamento, o terceiro, com dez poemas, se consuma a desconstrução da imagem da mulher: a presença feminina surge primeiro fragmentada (próteses, veias, pulmões), mas vai-se recompondo, e, consciente do processo de *desossamento* e das causas da fragmentação do seu corpo e do despojamento dos seus sonhos, o sujeito poético, detentor da voz da enunciação, recusa a sua subserviência a determinadas formas sociais e à uniformidade inscrita nos códigos dos deveres, libertando-se e ganhando a sua própria dimensão e a sua individualidade: "vou/ para o sul saltar o cercado"! Na verdade, desde o primeiro andamento do processo iniciático, "De cheiro macio ao tacto", a escrita evidencia uma percepção de teor sinestésico, que propõe um caminho para a complexidade do indivíduo, feito de corpo & espírito, com as sensorialidades metaforizadas nas "propriedades" dos frutos e exponenciadas em "Alphabeto":

Alphabeto

Dactilas-me o corpo
        de A a Z
     e reconstróis
         asas
         seda
         puro espanto
por debaixo das mãos
           enquanto abertas
parecem, pequenas
        as cicatrizes

Por este pequeno caderno, cujo "local da cultura" é uma Angola recém-independente com uma literatura que se entendia (ainda) como expressão de uma utopia (disponibilidade colectiva, como se sabe), se vão entrevendo outros *loci*, por exemplo, o da expressão da subjectividade feminina – da mulher enquanto ser humano em primeiro lugar e, como tal, com os seus desejos (espirituais, *afectivos*, culturais, sexuais), e frustrações, as suas aspirações e sonhos, as suas alegrias, admirações, dores e sensações – de que a alma da mulher, com os seus juízos *subjectivos*, toma consciência de si enquanto mulher e enquanto ser humano. A figuração do feminino gera uma iluminação existencialista em que a escrita se transforma em iniciação à vida plena, para neutralizar o vazio que, no meio das vivências femininas, tem tendência a crescer insondável...

31 de Julho, Dia da Mulher Africana

CERIMÓNIA DE PASSAGEM

> "a zebra feriu-se na pedra
> a pedra produziu lume"

a rapariga provou o sangue
o sangue deu fruto

a mulher semeou o campo
o campo amadureceu o vinho

o homem bebeu o vinho
o vinho cresceu o canto

o velho começou o círculo
o círculo fechou o princípio

> "a zebra feriu-se na pedra
> a pedra produziu lume"

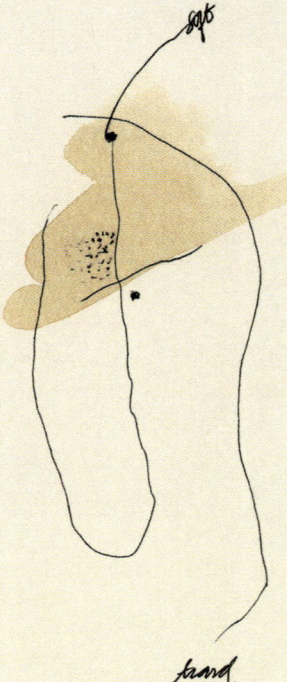

De cheiro macio ao tacto

A ABÓBORA MENINA

Tão gentil de distante, tão macia aos olhos
vacuda, gordinha,
        de segredos bem escondidos

estende-se à distância
        procurando ser terra
quem sabe possa
        acontecer o milagre:
                folhinhas verdes
                flor amarela
                ventre redondo

depois é só esperar
        nela desaguam todos os rapazes.

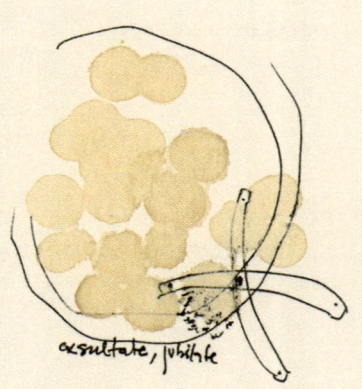

O MABOQUE

Há uma filosofia
          do
quem nunca comeu
          tem
por resolver
problemas difíceis
          da
          libido

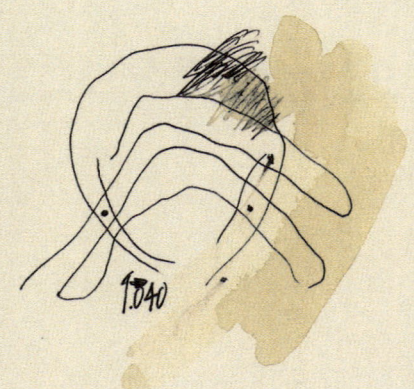

A ANONA

Tem mil e quarenta e cinco
                    caroços
cada um com uma circunferência
                    à volta
agrupam-se todos
                    (arrumadinha)
no pequeno útero verde
                    da casca

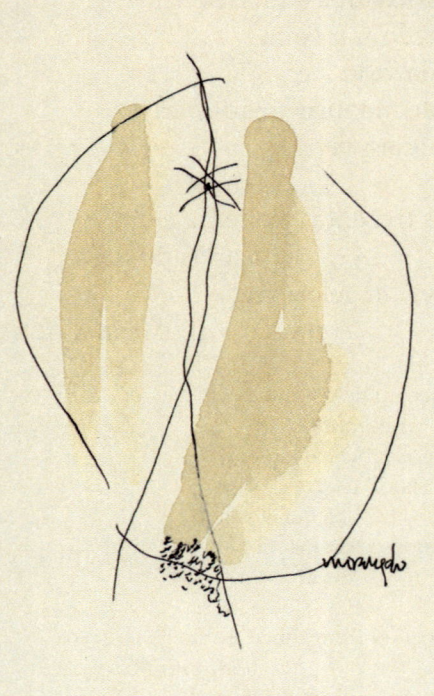

O MIRANGOLO

Testículo adolescente
        purpurino
corta os lábios ávidos
com sabor ácido
        da vida
encandesce de maduro
        e cai

submetido às trezentas e oitenta e duas
        feitiçarias do fogo
transforma-se em geleia real:
        ILUMINA A GENTE.

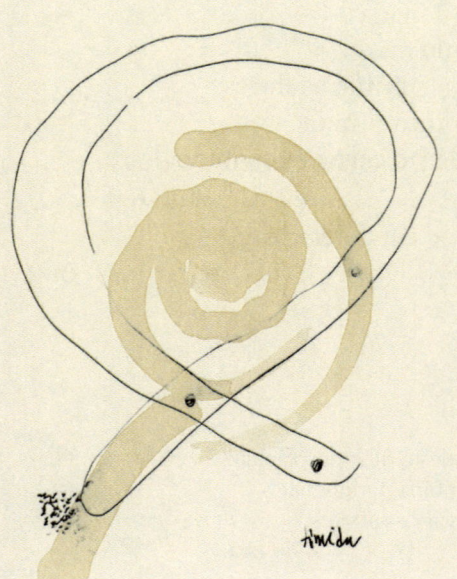

A NOCHA

Modesta filha do planalto
combina, farinhenta
os vários sabores
                    do frio.

Cheia de sono
              mima as flores
e esconde muito tímida
              o cerne encantado.

A NÊSPERA

Doce rapariguinha-de-brincos
amarelece o sonho
deixa que o orvalho
              de manso
lhe arrepie a pele
           SABE A POUCO.

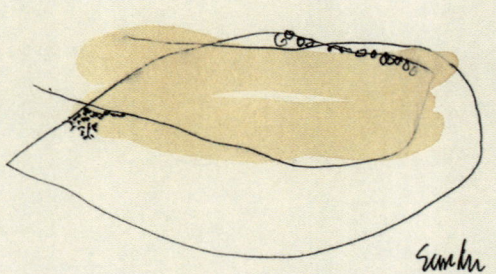

O MAMÃO

Frágil vagina semeada
pronta, útil, semanal
Nela se alargam as sedes

        no meio
        cresce
        insondável
                o vazio...

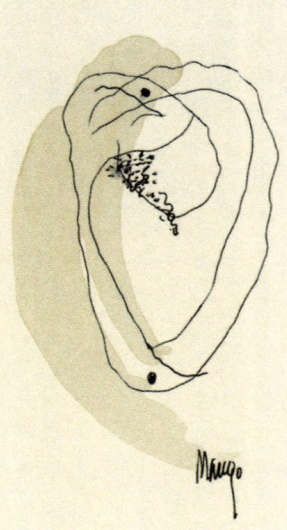

A MANGA

Fruta do paraíso
companheira dos deuses
        as mãos
tiram-lhe a pele
        dúctil
como, se, de mantos
        se tratasse
surge a carne chegadinha
        fio a fio
ao coração:
        leve
        morno
        mastigável
o cheiro permanece
para que a encontrem
        os meninos
        pelo faro.

O MATRINDINDI

Bicho mecânico
movido
    a quartzo
saiu do Egipto
e mora em Sumbe,
        (há quatro mil anos)
cresce, multiplica-se, canta
ao fim da tarde
        entre julho e agosto

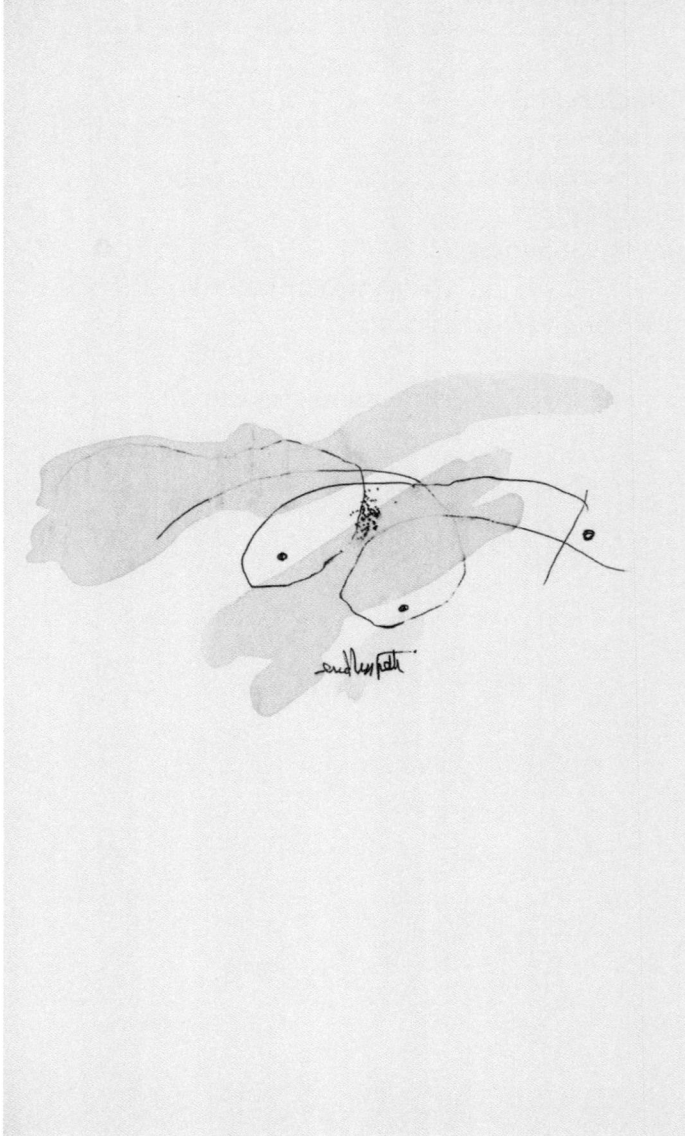

Navegação circular

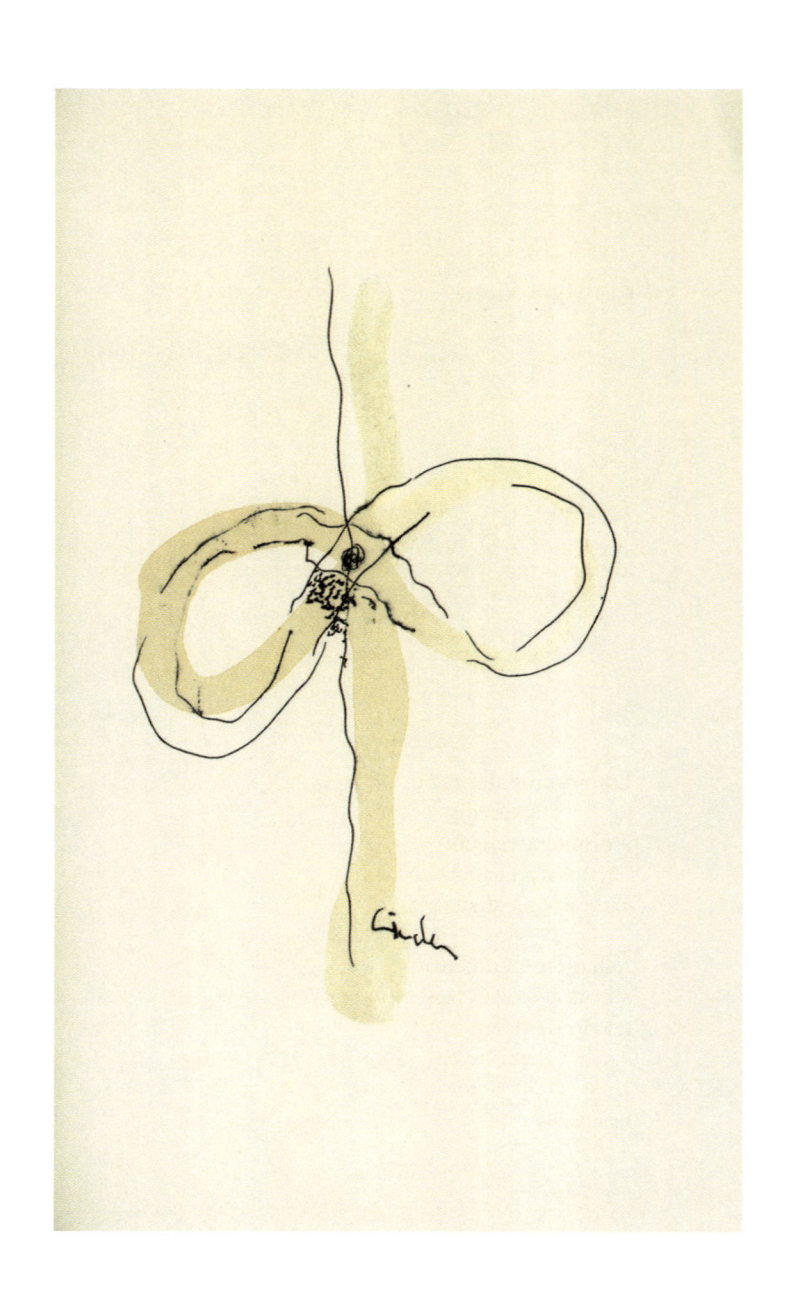

CIRCUM-NAVEGAÇÃO

Em volta da flor fez
        a abelha
a primeira viagem
circum-navegando
        a esfera

Achado o perímetro
suicidou-se, LÚCIDA
no rio de pólen
        descoberto.

inescapable

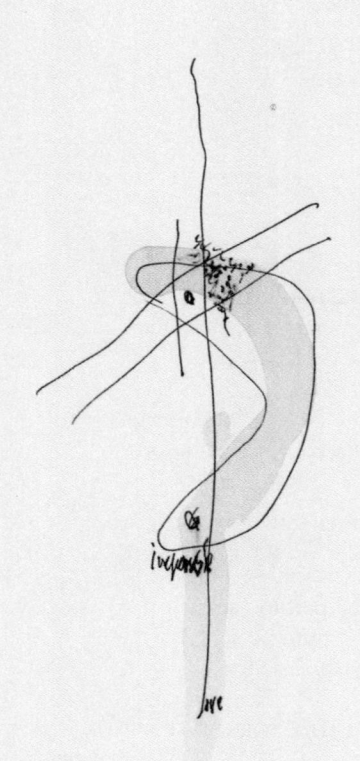

love

O AMOR IMPOSSÍVEL

a flamingo cor-de-rosa
        saiu do mangal
alisou as penas uma por uma
pintou de azul o bico
                e
                de brincos
Pousou no sol às seis da tarde

passeou o Lubito com
        passinhos breves
e cansada, perfilou-se
        num pé só
à sombra da distância...

ABRIU O OLHO, TORNOU-SE BÍPEDE
                      CORREU
MUITO APRESSADA
                ATRÁS DO PEIXE PRATA

24,24 = ∞

"OLHO DE VACA FOTOGRAFA A MORTE"

Grande angular
        400 asa
retém a preto e branco
        a solidão.

        Inverte
        Aumenta
        Diminui
            A TERRA

Impressiona/subverte
em grandes planos simultâneos
                (24x24)
a visão panorâmica
            do espaço
para lá do cercado.

Entre os chifres
        de perfil
O cine-olho paralisa
        a eternidade

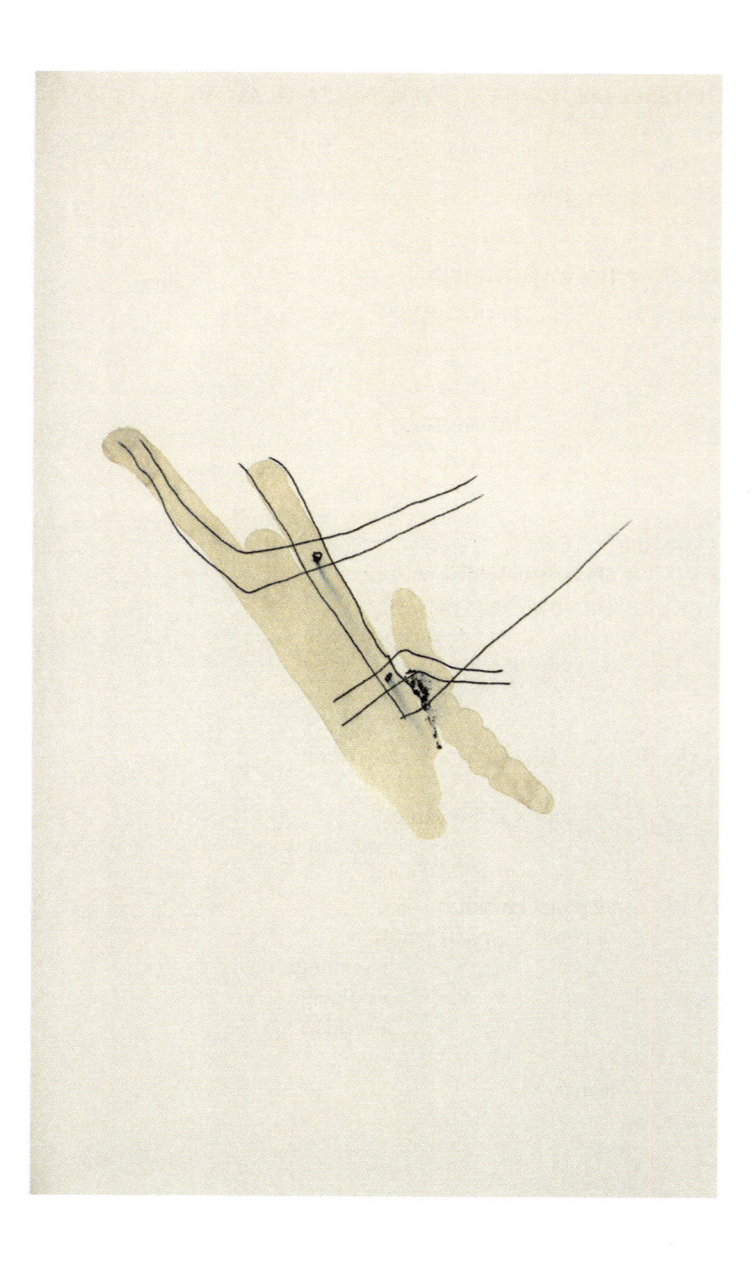

BOI À VELA

Os bois nascidos na huíla
são altos, magros
               navegáveis
de cedo lhes nascem
                    cornos
                    leite
                    cobertura
os cornos são volantes
                    indicam o sul
as patas lavram o solo
deixando espaço para
                    a semente
                    a palavra
                    a solidão.

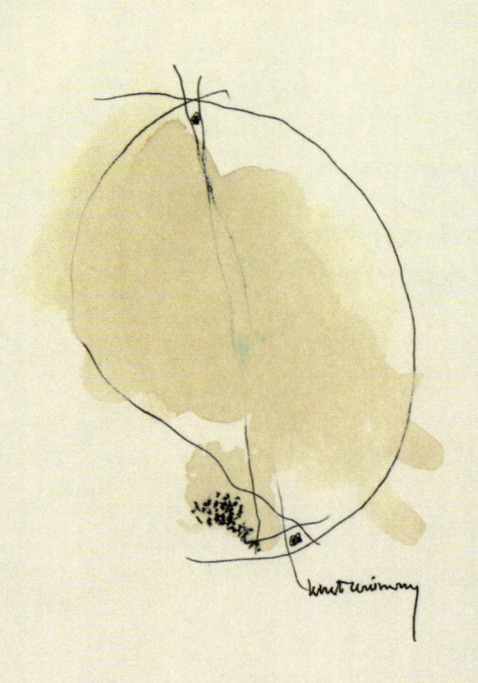

Cerimónias de passagem

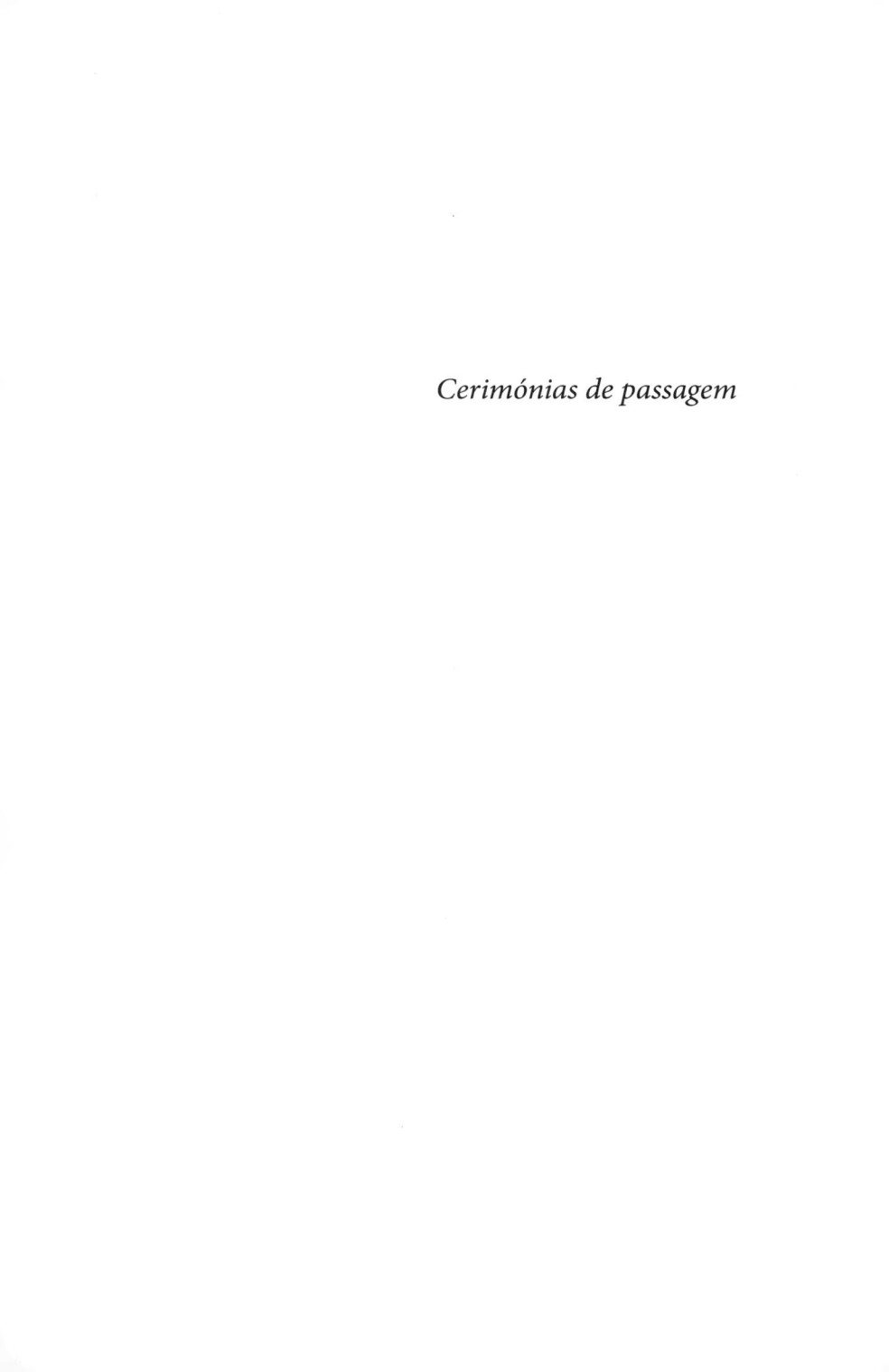

vjeko

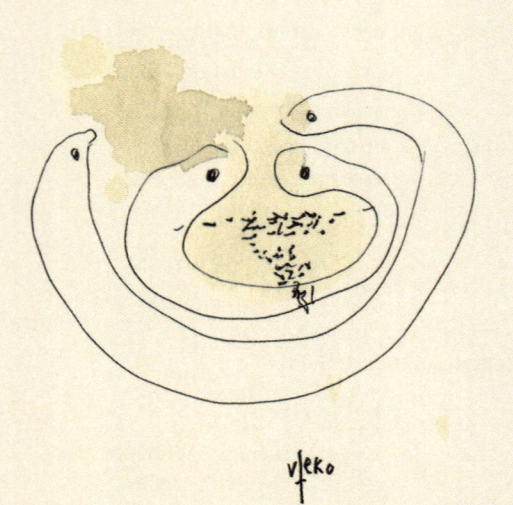

RAPARIGA

Cresce comigo o boi com que me vão trocar
Amarraram-me às costas a tábua Eylekessa

        Filha de Tembo
        organizo o milho

Trago nas pernas as pulseiras pesadas
Dos dias que passaram...
        Sou do clã do boi –

Dos meus ancestrais ficou-me a paciência
O sono profundo do deserto,
        a falta de limite...

Da mistura do boi e da árvore
        a efervescência
        o desejo
        a intranquilidade
        a proximidade
                do mar

Filha de Huco
Com a sua primeira esposa
Uma vaca sagrada
        concedeu-me
o favor das suas tetas úberes.

limitless

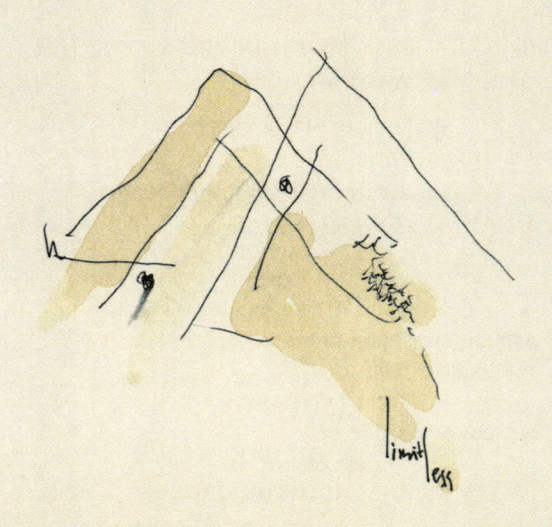

EXACTO LIMITE

A cerca do Eumbo estava aberta
Okatwandolo,
        "a que solta gritos de alegria"
colocou o exacto limite:
            árvore
            cabana
            a menina da frente
saíram todos para procurar o mel
enquanto o leite
        (de crescido)
se semeava azedo
        pelo chão
            comi o boi
            provei o sangue
fizeram-me a cabeleira
fecharam o cinto:
        Madrugada
        Porta
        EXACTO LIMITE

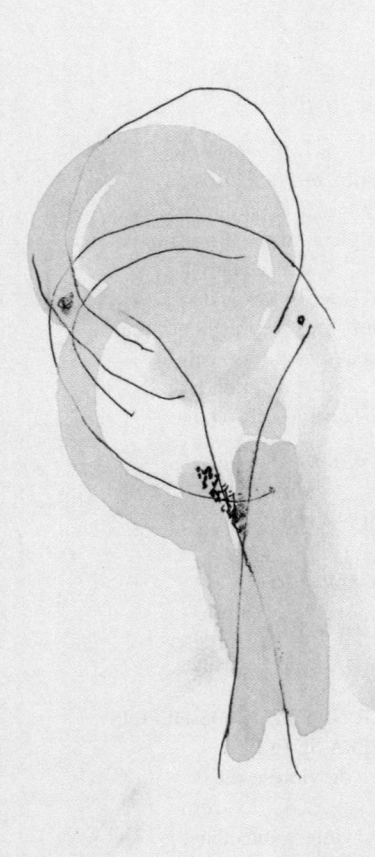

COLHEITAS

De dez em dez anos
            cada círculo
completa sobre si mesmo
            uma viagem
nasce-se, brota-se do chão
e dez anos depois o primeiro
forma-se espera e cai
            por gravidade
ao vigésimo oitavo dia

entre dez e dez anos
            prepara-se
para a semente
            a terra
aos vinte surge
            o arado
            a chuva
            o sorriso
ALGUNS DEZ ANOS DEPOIS
ESPERA-SE O FIM
            de vinte e oito
                        em
            vinte e oito dias

kindness(birdie)

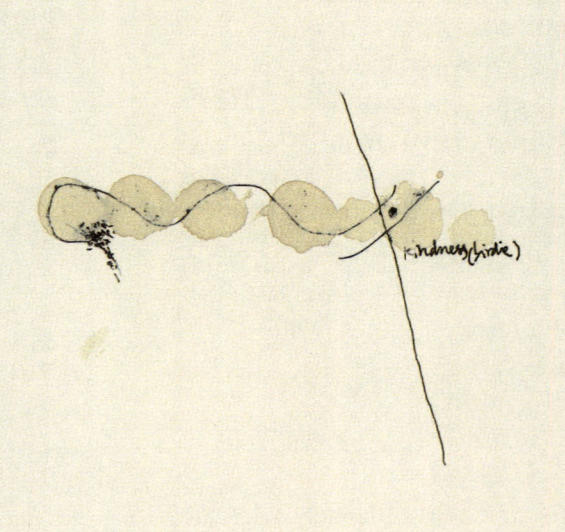

> *As coisas delicadas tratam-se*
> *com cuidado*
> FILOSOFIA CABINDA

Desossaste-me
        cuidadosamente
inscrevendo-me
        no teu universo
        como uma ferida
        uma prótese perfeita
        maldita necessária
conduziste todas as minhas veias
        para que desaguassem
        nas tuas
            sem remédio
meio pulmão respira em ti
o outro, que me lembre
        mal existe

            Hoje levantei-me cedo
            pintei de tacula e água fria
                o corpo aceso
            não bato a manteiga
            não ponho o cinto
vou
        para o sul saltar o cercado

para Ana

A ternura tem som, riso e lágrimas
muda de estado e dilata-se
ferve a 380 centígrados
está orientada em grados

        Encontra-se em forma pura
        Em locais próximos
        mas
        de acesso difícil
        a automóveis de estimação

Em estado selvagem não morre:
        cresce
        reproduz-se
        transforma-se

        Cercada
            cristaliza,
            emudece,
            perde o brilho

Esvai-se aos poucos, até ao fim.

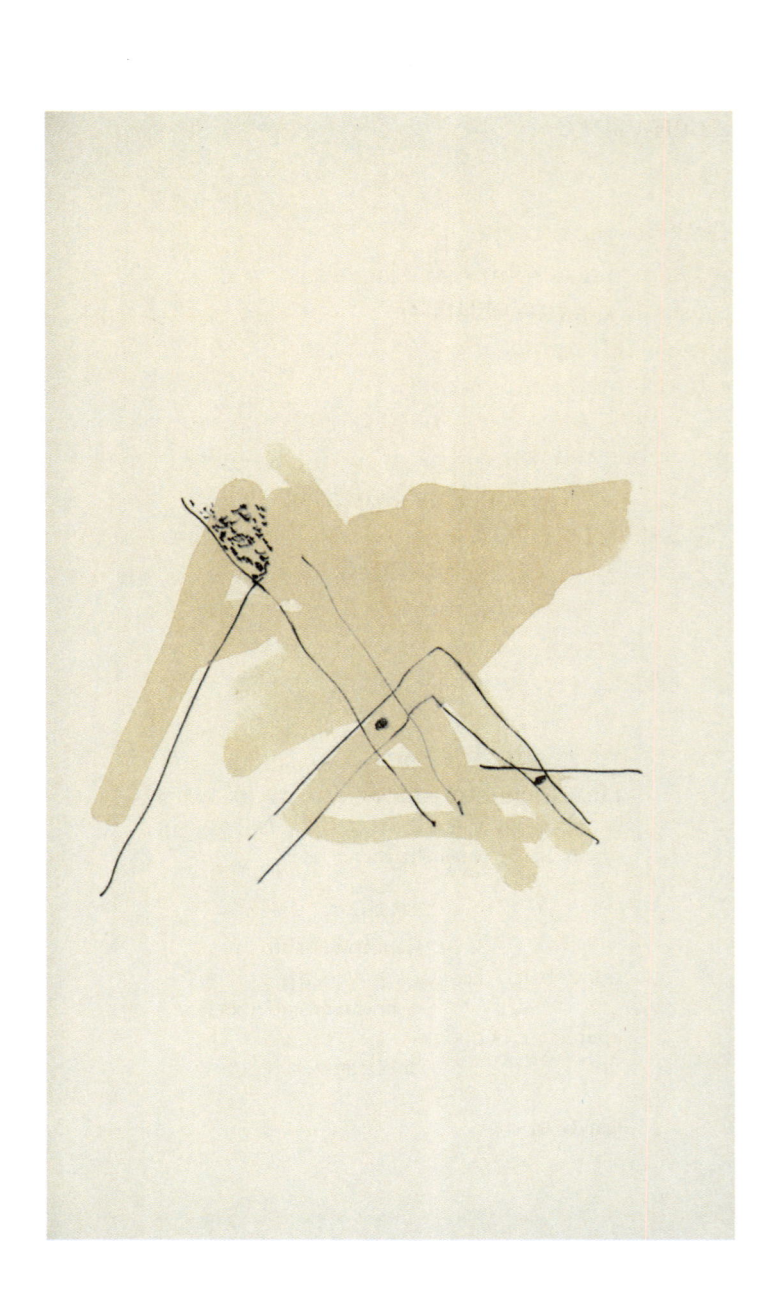

ALPHABETO

Dactilas-me o corpo
            de A a Z
        e reconstróis
                asas
                seda
                puro espanto
por debaixo das mãos
                    enquanto abertas
aparecem, pequenas
            as cicatrizes

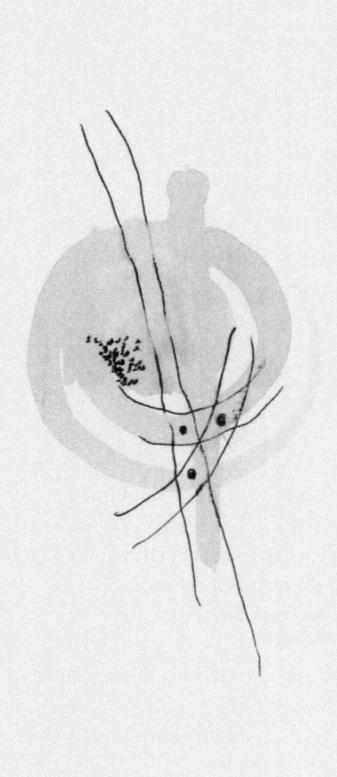

Chorar não chorar
A planície fica na mesma
PROVÉRBIO CABINDA

colonizámos a vida
plantando
cada um no mar do outro
as unhas da distância da palavra da loucura
enchendo de farpas a memória
preenchemos os dias de vazio

      no alto destes muros
          muito brancos
      duas bandeiras velhas
          a meia-haste
saúdam-se, solenes

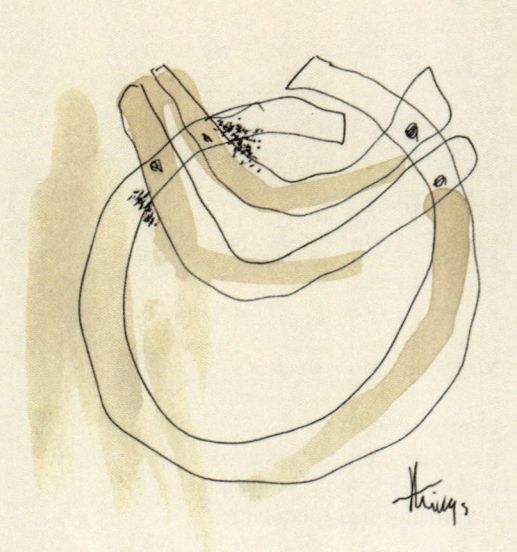

NO FUNDO TUDO É SIMPLES...

No fundo tudo é simples
                    voa
faz-se em átomos
plas-ti-fi-ca-se

                    anelante
em círculos mais pequenos

No fundo a gente vive
agora ou logo à tarde
urdindo de memória
                    a esperança violenta
de construir a mar

O nosso tempo.

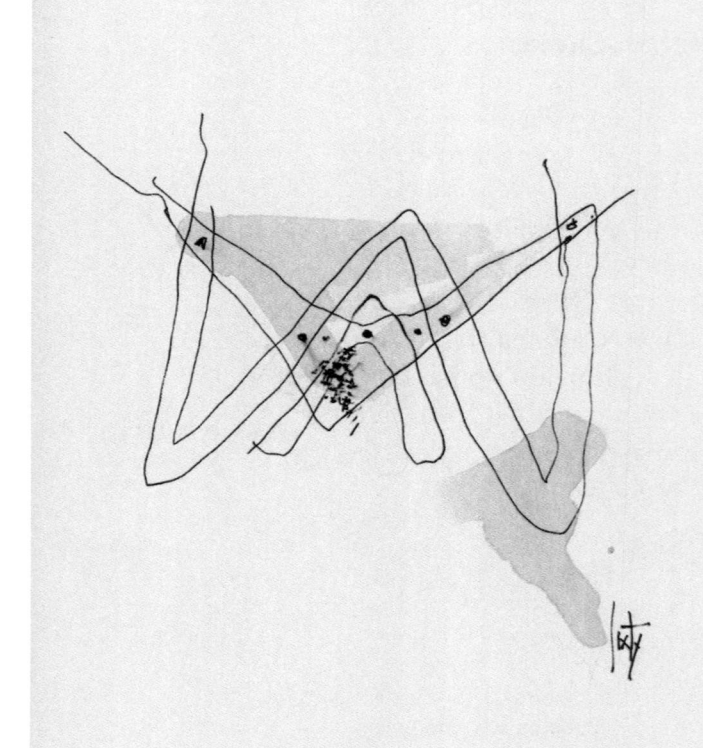

ANIMAL SIXTY

Longocircuita-se de amor
            pelas pessoas
e ergue-se lúcida
            em jeans
        pela planície...
Tem mãos de pássaros
                (asa)
Dorme a intervalos
        pelo sonho.

É um belo animal sixty
        movido a blues
                pela cidade.
havana, para são

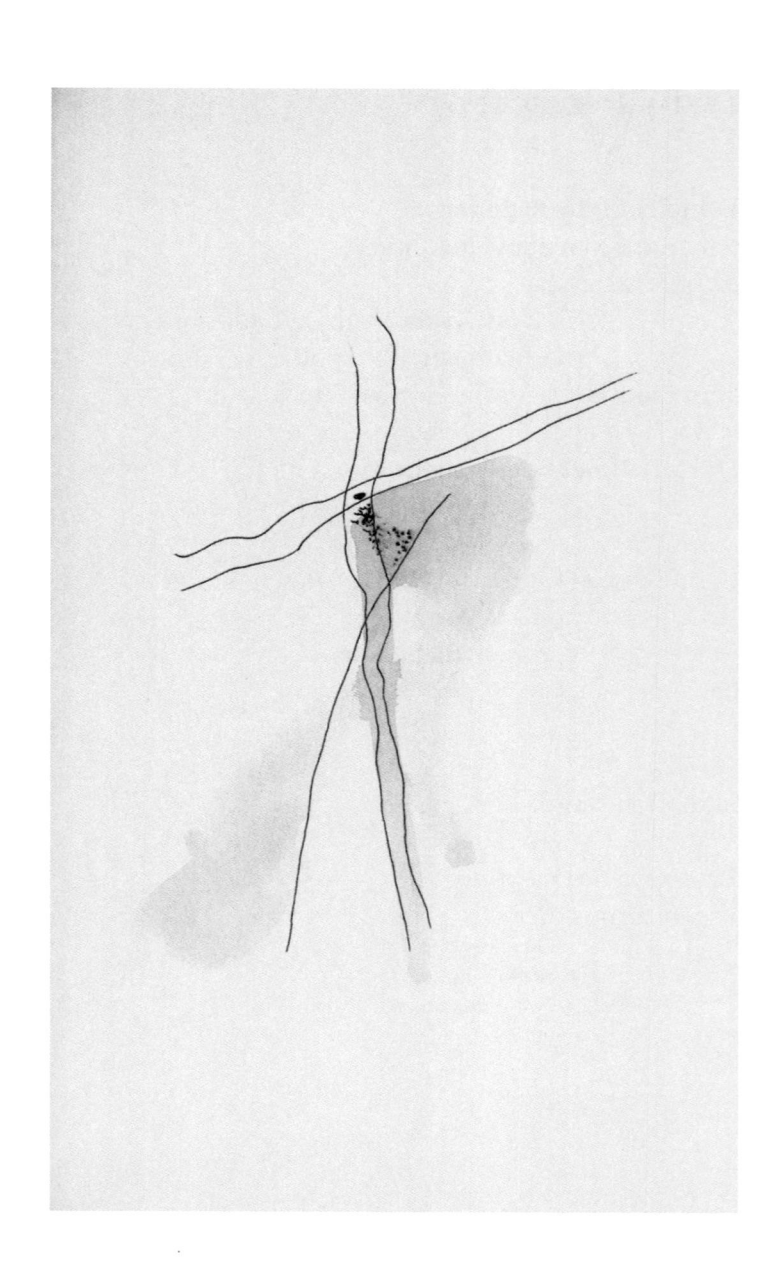

CERIMÓNIA SECRETA

Decidiram transformar
o mamoeiro macho em fêmea

      preparam cuidadosamente
      a terra à volta
      exorcisaram o vento
                       e
      com água sagrada da chuva
      retiraram-lhe a máscara

      pintaram-no em círculos
                        com
      tacula
      barro branco
      sangue...

Entoaram cantos breves
enquanto um grande falo
fertilizava o espaço aberto
a sete palmos da raiz.

O LAGO DA LUA

[1999]

À Ana, minha filha

...lá onde és amado constrói a tua casa
PROVÉRBIO KUANYAMA

No lago branco da lua
lavei meu primeiro sangue
Ao lago branco da lua
voltaria cada mês
para lavar
meu sangue eterno
a cada lua

No lago branco da lua
misturei meu sangue e barro branco
e fiz a caneca
onde bebo
a água amarga da minha sede sem fim
o mel dos dias claros.
Neste lago deposito
minha reserva de sonhos
para tomar.

EX-VOTO

No meu altar de pedra
arde um fogo antigo
estão dispostas por ordem
as oferendas

neste altar sagrado
o que disponho
não é vinho nem pão
nem flores raras do deserto
neste altar o que está exposto
é meu corpo de rapariga tatuado

neste altar de paus e de pedras
que aqui vês
vale como oferenda
meu corpo de tacula
meu melhor penteado de missangas.

Meu pau de mundjiri
tem o leite venenoso
de todas as plantas da savana
escorre-me por dentro
um ar de fogo
mesmo assim não é disso que morro
todas as feridas de sangue
não esgotaram o meu rio
tropeço nas sandálias de couro de boi
morro porque estou ferida de amor.

MUVI, O SÁBIO, usa a minha cabeça como seu pau de adivinhar. Faz-lhe perguntas simples enquanto persegue cada marca de dor. Lê meus olhos cegos e estremece. A lua passeia-se, descalça e desnuda, no pico alto da colina. Tem uma mancha sombria e velada como uma escarificação retocada pelo tempo. É o reflexo aumentado da minha própria cicatriz azul, disfarçada debaixo do colar de contas triangular, colar dos dias de luto, que passei a usar todos os dias. Contas tecidas uma a uma, com mil mãos de seda seca perdidas nas noites antigas de acender fogueiras. Muvi, o sábio, escolhe a minha cabeça e roda-a entre as mãos sem parar. Espanta os espíritos, os do lar, e os que ainda não se tinham dado a conhecer.

CANTO DE NASCIMENTO

Aceso está o fogo
prontas as mãos

o dia parou a sua lenta marcha
de mergulhar na noite.

        As mãos criam na água
        uma pele nova

        panos brancos
        uma panela a ferver
        mais a faca de cortar

Uma dor fina
a marcar os intervalos de tempo
vinte cabaças de leite
que o vento trabalha manteiga

a lua pousada na pedra de afiar

        Uma mulher oferece à noite
        o silêncio aberto
        de um grito
        sem som nem gesto
        apenas o silêncio aberto assim ao grito
        solto ao intervalo das lágrimas

As velhas desfiam uma lenta memória
que acende a noite de palavras
depois aquecem as mãos de semear fogueiras

Uma mulher arde
no fogo de uma dor fria
igual a todas as dores
maior que todas as dores.
Esta mulher arde
no meio da noite perdida
colhendo o rio

enquanto as crianças dormem
seus pequenos sonhos de leite.

Aquela mulher que rasga a noite
com o seu canto de espera
não canta
Abre a boca
e solta os pássaros
que lhe povoam a garganta

TERRACOTA

Abre a terra
deixa que me veja ao espelho
e encontre o meu lugar
no vazio
no meio das trezentas mil virgens de terracota

Abre a terra, meu amigo
essa terra tecida de mil cores d'areia
vinda do norte
semente do tempo
onde as mais velhas descansam

deixando aos pés
a dança de apressar a vida.

O meu amado chega e enquanto despe as sandálias de
[couro
marca com o seu perfume as fronteiras do meu quarto.
Solta a mão e cria barcos sem rumo no meu corpo.
Planta árvores de seiva e folhas.
Dorme sobre o cansaço
embalado pelo momento breve da esperança.
Traz-me laranjas. Divide comigo os intervalos da vida.
Depois parte.
....
Deixa perdidas como um sonho as belas sandálias de
[couro.

      Não conheço nada do país do meu amado
          Não sei se chove, nem sinto o cheiro das
          laranjas.
Abri-lhe as portas do meu país sem perguntar nada
Não sei que tempo era
O meu coração é grande e tinha pressa
Não lhe falei do país, das colheitas, nem da seca
Deixei que ele bebesse do meu país o vinho o mel a carícia
Povoei-lhe os sonhos de asas, plantas e desejo
O meu amado não me disse nada do seu país

      Deve ser um estranho país
      o país do meu amado
      pois não conheço ninguém que não saiba
      a hora da colheita
      o canto dos pássaros
      o sabor da sua terra de manhã cedo

Nada me disse o meu amado
    Chegou
Mora no meu país não sei por quanto tempo
É estranho que se sinta bem
e parta.
Volta com um cheiro de país diferente
Volta com os passos de quem não conhece a pressa.

> *Amparai-me com perfumes, confortai-me*
> *com maçãs que estou ferida de amor...*
> CÂNTICO DOS CÂNTICOS

Tratem-me com a massa
de que são feitos os óleos
p'ra que descanse, oh mães

Tragam as vossas mãos, oh mães,
untadas de esquecimento

E deixem que elas deslizem
pelo corpo, devagar

Dói muito, oh mães

É de mim que vem o grito.

Aspirei o cheiro da canela
e não morri, oh mães.

Escorreu-me pelos lábios o sangue do mirangolo
e não morri, oh mães.
De lábios gretados não morri

Encostei à casca rugosa do baobabe
a fina pele do meu peito
dessas feridas fundas não morri, oh mães.

Venham, oh mães, amparar-me nesta hora
Morro porque estou ferida de amor.

Atravesso o espelho
circuncido-me por dentro
e deixo que este caco
me sangre docemente

entre dia e espera
a história deste tempo
em carne viva.

chegou a noite
onde habito devagar
sou a máscara
Mwana Pwo em traje de festa

dança comigo
de noite todos temos asas
vem, eu sou a máscara
para lá da vida
à beira da noite

bebe comigo
a distância
em vaso de vidro

vem atravessar o espelho em dois sentidos
depois, podemos, rumo ao sul
navegar
as horas
desembrulhar a espuma desta
                     lentíssima noite
e ficar por dentro
dançarino e máscara
no meio da noite.

Está escuro
moram os fumos no eumbo
estou sentada
contando pelos dedos
a memória dos dias

[crescer com a massambala/
saltar o cercado enquanto núbil
ser circuncidada apenas pelo amor
morrer às tuas mãos]

ser a outra
o vaso de forma estranha
aberto
fresco
preparado
....
em torno da boca

gravada
a escarificação das lágrimas

A massambala cresce a olhos nus

Vieram muitos
à procura de pasto
traziam olhos rasos da poeira e da sede
e o gado perdido.

Vieram muitos
à promessa de pasto
de capim gordo
das tranquilas águas do lago.
Vieram de mãos vazias
mas olhos de sede
e sandálias gastas
da procura de pasto.

Ficaram pouco tempo
mas todo o pasto se gastou na sede
enquanto a massambala crescia
a olhos nus.

Partiram com olhos rasos de pasto
limpos de poeira
levaram o gado gordo e as raparigas.

Perguntas-me do silêncio
eu digo

      meu amor que sabes tu
      do eco do silêncio
      como podes pedir-me palavras
           e tempo

se só o silêncio permite
ao amor mais limpo
erguer a voz
no rumor dos corpos

MUKAI (1)

Corpo já lavrado
equidistante da semente
    é trigo
    é joio
    milho híbrido
    massambala

resiste ao tempo
    dobrado
    exausto

sob o sol
que lhe espiga
   a cabeleira.

MUKAI (2)

O ventre semeado
desagua cada ano
os frutos tenros
das mãos
      (é feitiço)

nasce
a manteiga
a casa
o penteado
o gesto
acorda a alma
a voz
olha p'ra dentro do silêncio milenar.

MUKAI (3)

(Mulher à noite)

Um soluço quieto
desce
a lentíssima garganta
(rói-lhe as entranhas
um novo pedaço de vida)
os cordões do tempo
atravessam-lhe as pernas
e fazem a ligação terra.

Estranha árvore de filhos
uns mortos e tantos por morrer
que de corpo ao alto
navega de tristeza
      as horas.

MUKAI (4)

O risco na pele
Acende a noite
enquanto a lua
                    [por ironia]
ilumina o esgoto
anuncia o canto dos gatos
De quantos partos se vive
para quantos partos se morre.

Um grito espeta-se faca
na garganta da noite

recortada sobre o tempo
pintada de cicatrizes
olhos secos de lágrimas
Dominga, organiza a cerveja
de sobreviver os dias.

Assim o corpo
sitiado pela sede
ausente de si próprio
quase de pedra
perdido quieto
à beira da cidade.

Nada acontece antes da noite
por sobre a orla cinzenta
de outro dia
acesas as fogueiras
desencadeada a ira
é maior a fome da fome d'outros corpos
é tão grande a sede d'outros corpos
que se alarga o círculo à volta da cidade
que se alarga o grito à volta da cidade.

Um gemido antigo inicia
uma noite larga
fêmea de tão sofrida
há corpos que tilintam
outros envelhecem
este permanece nu
na mão da cidade
a ninguém é permitido o sono

Na esteira da cidade
sentados frente a frente
dois homens dão as mãos

esperam
um futuro parto das mulheres
a tribo renascerá de si própria
e as crianças soltas
nas ruas da cidade

pouco importa
se são crianças de vidro
não importa se são crianças
      estilhaço
tudo está bem
quando se pode pôr por ordem
as insígnias a cabaça a marca do clã
na esteira da cidade.

NOVEMBER WITHOUT WATER

Olha-me p'ra estas crianças de vidro
cheias de água até às lágrimas
enchendo a cidade de estilhaços
procurando a vida
nos caixotes do lixo.

                Olha-me estas crianças
                          transporte
                animais de carga sobre os dias
                percorrendo a cidade até aos bordos
                carregam a morte sobre os ombros
                despejam-se sobre o espaço
                enchendo a cidade de estilhaços.

O que queres esconder de mim,
filha de Sulamite,
está nas tuas mãos
esculpidas da pedra da muralha

        As canções antigas dos olhos
        são oráculos
        de linguagem solene
        feita do mesmo sangue
        da terra deste país

Quando inventas o mar
sou eu que estou sentada
na curva da baía
colhendo do silêncio
a lágrima comprida
que te desce pelas tranças

Lava o corpo
inaugura o rio
e enche com o eco da tristeza
a lavra da vida
que se desconta morrendo

        Não me contes histórias
        não podes olhar o tempo
        deixa que o fruto de maduro
        te caia no regaço

                              eu vou bordar o tapete
                              fazer-te as tranças
                              partilhar contigo
                              o vinho amargo
                              deste país inocente
Depois podemos ficar
contando as horas
na curva da baía

Chegas
eu digo sede   as mãos
fico
bebendo do ar que respiras
a brevidade

assim as águas
a espera
o cansaço.

O JAPÃO

carta ao Eduardo White

Não conheço essa língua de gelo tão perfeita
que pode abrir a porta de um país pequeno
azul no mais completo círculo de si próprio
do mesmo modo branco no tempo que devora
devolve o seu sentido de âmbar

Era preciso que as palavras fossem de seda
e a película transparente
para que a sombra se destacasse da luz
em tom maior e voz muito afinada
numa magia de vidro

Seria assim a descoberta de um jardim
todo plantado de anémonas amarelas
onde Mishima se sentava para rezar
esperando que o sacrifício das flores fosse suficiente
[aos deuses

Um estrangeiro prepara o corpo da rapariga para a
[pintura
Desenha flores de lótus com o nome inciso na corola.
Não sei o que quer, talvez amor dito em muitas línguas
forte como a lâmina de uma espátula afagando a pele
de escritas muito antigas e falas tão ardentes
escarificações marcas territórios
tinta preta em papel de arroz

Uma mulher velha respira o ar de mirtilo enquanto
[acaricia o gato

com mãos de insecto que tremem levemente
pode ser que seja verbena a nova saliva dos céus
quando se mistura de terra
Uma mulher tão velha atravessou a vida e já não vive
(mudou-se em riso e olhos)
sustenta metade do mundo azul enquanto acaricia o gato.

À volta da cerejeira o jardineiro cortou os agapantos para
[dar
lugar à história de um amor entre a rosa e os narcisos
Depois de um certo tempo foi vê-los deixar de se olhar
e entregar às rosas o prazer das veias abertas pelos
[espinhos

Um homem muito belo estende as mãos e oferece à
[aventura fortuita
seu corpo forte
limpa-se numa toalha de linho e deixa impressa
sua palidez de cera sua máscara de vida as guias de
[falcão.

A rapariga chama-se Ingrid de pai sueco é pequena com
[pés de prata
uma breve floração
no peito pronta para arder de noite
também a sua voz e o tecido
que esconde o mapa secreto da sua alma
enquanto leves mantos não chegam para esconder um
[coração que bate
como o ruído da chuva

Mishima passeia a sua morte pelas nossas consciências
e abre num suspiro de mar o último grito Ogoni a
[canção utu

o lamento tutsi
agora a correr pelas nascentes do nzaididi o rio de deus

É quase obscena esta nudez de sopro e cansaço
nada é tão gelado como o silêncio nesta floresta de
                [sombras
a jovem do sacrifício oferece o seu pescoço de ave
à curva de uma adaga que o afaga cada vez mais fundo

só sei cerzir as pequenas feridas
cedo ao fascínio das grandes
tenho mãos de fada e um poço de veneno
sou a mulher de domingo e subo escadas

O Japão tem uma pele de mantos antigos uma quase
                 [casca
mosca no âmbar paraíso recuperado
a pele do Japão endureceu porque nela se adivinha a cor
                [de um tesouro
entretanto perdido plantado de arroz e água que esconde
                [a curva violenta
da cicatriz adormecida de um terramoto já extinto

Tem razão, o Japão é um sonho lilás que Akira Kurosawa
                [descasca lentamente
e filma a preto e branco donde sai uma sombra que não
                 [se perde
antes nos fixa os olhos abertos
e pelo menos vinte e quatro por vinte e quatro
a tontura do sonho
Tenho um Japão inteiro dentro de mim e não quero
              [tocar-lhe antes que sangre

Do meu Japão nunca falei nada a ninguém tinha medo
                    [oh um medo horrível, de o perder
e eis que mo devolve inteirinho como se ainda me vivesse
                                                    [os dias

É uma senhora que deixa que a pintem de luz e de tacula
conserva a pele do nascimento tão lisa que sofre ao toque
e liberta o espírito da chuva.
Foi ela que me falou de segredo
abriu com os dentes a porta de entrada da cabana.
Na obscuridade do seu corpo nadava lentamente um
                         [pequeno peixe prata azul
azul como o Japão que agora me oferece e grita dentro de
                    [mim como a cabaça da chuva
que me entregaram no tempo de efiko
e prometi antes rasgar o corpo
que quebrar à luz crua dos trabalhos e dos dias.

Andamos, no fundo, a juntar terras ocultas, ilhas secretas
                              [de cultivo e jardins
só para depois escolher no campo de narcisos o mais-do-
                                         [que-perfeito
e destruir os outros tecendo tapetes de pétalas
onde se deitam os amantes no seu pequeno êxtase de
                                   [vinho e sacrifício.
Eros fitando a bela senhora da morte com seu escudo
                         [de olhos e seu corpo desnudo

o meu coração é um vaso de cristal vazio de uma mão
          [que o aperta até à última gota. Meu coração de
aço e gelo atravessado da espada de Mishima esgotou-se
no caminho da floresta regando o solo sagrado dos antigos.

Amigo, o meu coração, agora, não é senão a mesma
[essência do grito.
Um Japão de cicatrizes e basalto anda solto lá dentro sem
[remédio.

Pode ser que seja raiva isto que me anima as veias e me
[escorre dos lábios gretados.
Pode ser que seja apenas o esforço de dizer Japão a várias
[vozes
e ter de volta o eco de mil silêncios.
Amigo, o que me desce pelas faces é um Japão devagarinho
e sei que me vai comer o peito com as suas asas de voar e
[transparência de peixe.

Ontem ouvi dizer Japão e nem queria acreditar
o ar povoado de penas desenhava horas de anjo nos teus
[olhos
e eu chocava um Japão devagarinho

O Japão é uma folha enervada onde brilha a prata do vento
e cai uma gota murcha de papel
Japão é assim arroz como seda e pranto uma ave que voa o
[chão

Onde ardo e já sou cinza
diante da tua beleza gelada
pé e terra
pouca muito pouca terra
duas vozes e um sopro
para tocar à distância
o bailarino de asas de anjo e mãos de filigrana

Não sei que língua falas
que sons são os teus sons

a memória do teu cheiro está manchada de tempo
é só memória e invenção no espaço absoluto do meu peito

Meu passado é uma árvore
toda comida por dentro
ninho de aves velhas
e ovos de serpentes

De onde nascem estas vozes de mulheres repetindo
                                          [nomes de peixes
nomes desconhecidos de peixes

Meu corpo é um grande mapa muito antigo
percorrido de desertos, tatuado de acidentes
habitado por uma floresta inteira
um coração plantado
dentro de um jardim japonês
regado por veias finas
com um lugar vazio para a alma

Caçadores de pérolas apascentei porcos nas estradas do
                                                      [Japão
das promessas comi os restos ensanguentados
eu própria fui pasto e fermento para o leite
da comida de deus

Olha por exemplo a beringela com a sua cor de Japão
seu desenho perfeito
um caracol devora-a lentamente
deixando um rasto de visgo
onde morre lentamente o louva-a-deus macho

Amigo, o Japão é uma forma de dor para sofrer até ao fim.

HISTÓRIA DE AMOR DA PRINCESA OZORO
E DO HÚNGARO LADISLAU MAGYAR

Primeiro momento

      Meu pai chamou e disse:
      mulher, chegou a hora, eis o senhor da tua vida
      aquele que te fará árvore

Apressa-te Ozoro
parte as pulseiras e acende o fogo.
Acende o fogo principal, o fogo do fogo, aquele que arde
                                     [noite e sal.
Prepara as panelas e a esteira
e o frasco dos perfumes mais secretos
este homem pagou mais bois, tecidos e enxadas do que
                                     [aqueles que eu pedi
este homem atravessou o mar
não ouvi falar do clã a que pertence
o homem atravessou o mar e é da cor do espírito

NOSSA VIDA É A CHAMA DO LUGAR QUE SE CONSOME ENQUANTO ILUMINA A NOITE

VOZ DE OZORO:

Tate tate
meus todos parentes de sangue
os do lado do arco
os do lado do cesto
tate tate
porque me acordas para um homem para a vida
se ainda estou possessa de um espírito único
aquele que não se deu a conhecer
meu bracelete entrançado
não se quebrou e é feito das fibras da minha própria
[essência
cordão umbilical
a parte da mãe
meu bracelete entrançado ainda não se quebrou
Tate tate
ouve a voz de meu pequeno arco esticado
as canções de rapariga
minha dança que curva a noite
ainda não chegou meu tempo de mulher
o tempo que chegou
é lento como um sangue
que regula agora as luas
para mim
de vinte e oito em vinte e oito dias

Segundo momento

VOZ DE MAGYAR:

Senhor:
Atravessei o mar de dentro e numa pequena barcaça desci de Vardar para Salónica, durante a batalha das sombras. De todas as montanhas, a que conheço expõe um ventre de neve permanente e uma pele gretada pelo frio. Nasci perto do Tisza Negro, junto à nascente. Naveguei um oceano inteiro no interior de um navio habitado de fantasmas e outros seres de todas as cores com as mesmas grilhetas. Como eles mastiguei devagarinho a condição humana e provei o sangue o suor e as lágrimas do desespero. São amargos, senhor, são amargos e nem sempre servem a condição maior da nossa sede. Vivi durante muitos meses o sono gelado da solidão.

Senhor
Eu trago um pouco de vinho sonolento do interior da terra e a estratégia de uma partida húngara, levo o bispo por um caminho directo até à casa do rei, senhor. Por isso aqui estou e me apresento, meu nome igual ao nome de meu povo, Magyar, os das viagens, Magyar, o dos ciganos.
Senhor
Eu trouxe meus cavalos e vos ofereço minha ciência de trigo! em troca peço guias dos caminhos novos! alimento para as caravanas, licença para o Ochilombo e a mão de Ozoro a mais-que-perfeita.

Senhor, deixai que ela me cure da febre e da dor que trago da montanha para lá dos Cárpatos.
Senhor! deixai que ela me ensine a ser da terra.

Terceiro momento

CORO DAS MAIS VELHAS:

Fomos nós que preparámos Ozoro! na casa
[redonda
muitos dias, muitas noites na casa redonda
Fomos nós que lhe untámos, de mel, os seios
[na casa redonda
Com perfumes, tacula e fumo velho
[esculpimos um corpo na casa redonda
Nosso foi o primeiro grito perante tanta
[beleza:
Oh, rapariga na palhoça, sentada, ergue-te
[para que possamos contemplar-te!

Quarto momento

VOZES DAS MENINAS:

Meu nome é terra e por isso me movo lentamente meia volta, uma volta, volta e meia, para que o tempo me encontre e se componha.
Sou a companheira favorita de Ozoro do tempo da casa redonda.

Meu nome é pássaro, como o nome do clã a que pertenço. Com Ozoro descobri o lago e as quatro faces da luz, e vi primeiro que todos a cintura de salalé que se constrói à volta das nossas terras.

Meu nome é flor e sou especialmente preparada para cuidar do lugar onde a alma repousa. Com Ozoro eu tenho o cheiro, guardado no frasco de perfumes mais pequeno – o do mistério

Meu nome é princípio e eu tenho as mãos do lugar e a ciência dos tecidos como as mais velhas. Para Ozoro, a princesa, eu já teci o cinto de pedras apertadas, o mais belo cinto, de contas vindas do outro lado do tempo da própria casa de Suku. Para o tecer preparei todos os dias as mãos com preciosos cremes da montanha. Apertei cada conta no nó fechado igual ao que fecha a vida em cada recém-nascido. Para Ozoro eu teci o cinto mais apertado das terras altas.

Meu nome é memória e com as velhas treinei cada fala
– a do caçador nas suas caçadas
– a dos homens no seu trabalho
– o canto das mulheres nas suas lavras
– a das raparigas no seu andar
– o canto da rainha na sua realeza
– o som das nuvens na sua chuva
Na lavra da fala faço meu trabalho, como a casa sem porta e sem mobília, não tão perfeita como a casa onde o rei medita, tão redonda como a casa onde Ozoro e as meninas aprenderam a condição de mulheres.

CORO DAS MENINAS:

    A CASA DAS MULHERES
    A CASA DA MEDITAÇÃO
    A CASA DA CHUVA
    A CASA DAS COLHEITAS
    A CASA DAS MENINAS: TERRA, FLOR, PÁSSARO, PRINCÍPIO, MEMÓRIA

FALA DO FAZEDOR DE CHUVA:

    Eu que amarrei as nuvens, deixei chover dentro de mim.
Deixei uma nuvem solta, grande e
    gorda de chuva rebentar dentro de mim.
    sangro em *utima* meu pranto de nuvens,
choro em *osande* a princesa perfeita, a minha favorita.

CORO DOS RAPAZES:

    DESDE ONTEM OUVIMOS O RUGIR DO LEÃO ATRÁS DA PALIÇADA
    E AS PALAVRAS MANSAS DO VELHO SÁBIO DENTRO DA PALIÇADA
    DESDE ONTEM QUE O LEÃO NÃO SE AFASTA DETRÁS DA PALIÇADA
    E SE OUVE O VELHO QUE FALA COM O LEÃO ATRÁS DA PALIÇADA
    DESDE ONTEM O FEITICEIRO ACENDE O FOGO NOVO DENTRO DA PALIÇADA
    E SE ESPALHAM AS CINZAS DO FOGO ANTIGO ATRÁS DA PALIÇADA

DIANTE DE TI, OZORO, DEPOSITAMOS A CESTA DOS FRUTOS E A NOSSA ESPERANÇA.

FALA DA MÃE DE OZORO:

Fui a favorita, antes do tempo me ter comido por dentro. Semeei de filhos este chão do Bié. Para ti, Ozoro, encomendei os panos e fiz, eu mesma, os cestos, as esteiras. Percorri os caminhos da missão. Encontrei as palavras para perceber a tua nova língua e os costumes. Com as caravanas aprendi os segredos do mar e as histórias. Deixo-te a mais antiga

História do pássaro Epanda e do ganso Onjava
Há muito muito tempo estas duas aves decidiram juntar forças e fazer o ninho em conjunto. Onjava era um animal muito limpo e lavava e cuidava dos seus ovos e da sua parte do ninho. Quando nasceram os filhos, os pequenos de Epanda estavam sempre muito sujos e feios, enquanto os de Ondjava deixavam que o sol multiplicasse de brilho as suas penas. Um dia, Epanda raptou e escondeu os filhos limpos de Ondjava quando esta se afastara em busca de comida. Ondjava chorou muito e, enquanto recorria ao juiz para resolver o caso, cuidou dos outros filhos, lavou o ninho todo e armazenou comida para o cacimbo. Um dia os filhos limpos de Ondjava voltaram e o juiz determinou pertencerem a esta ave, ninho, filhos e ovos, porque só merece o lugar quem dele cuida, quem o sabe trabalhar.

CORO:

      SÓ MERECE O LUGAR QUEM O SABE TRABALHAR
      SÓ É DONO DO LUGAR AQUELE QUE O PODE LIMPAR

FALA DE LADISLAU MAGYAR, O ESTRANGEIRO:

Amada, deixa que prepare o melhor vinho e os tecidos
e que, por casamento, me inicie
nas falas de uma terra que não conheço
no gosto de um corpo
que principio
Amada, há em mim um fogo limpo
para ofertar
e o que espero é a partilha
para podermos limpar os dois o ninho
para podermos criar os dois o ninho.

FALA DOS FEITICEIROS:

  PODEMOS VER DAQUI A LUA
  E DENTRO DA LUA A TUA SORTE, OZORO
  APRENDERÁS A CAMINHAR DE NOVO
COM AS CARAVANAS
  E ESTÁS CONDENADA ÀS VIAGENS, OZORO
  TEUS FILHOS NASCERÃO NOS CAMINHOS
  SERÃO ELES PRÓPRIOS CAMINHOS
   DA LUNDA
   DO RIO GRANDE
   SE O CÁGADO NÃO SOBE ÀS
ÁRVORES, OZORO
   ALGUÉM O FAZ SUBIR!

ÚLTIMA FALA DE OZORO ANTES DA VIAGEM:

  Amar é como a vida
  Amar é como a chama do lugar

  QUE SE CONSOME ENQUANTO SE ILUMINA
  POR DENTRO DA NOITE.

DIZES-ME COISAS AMARGAS COMO OS FRUTOS

[2001]

Boi, boi
Boi verdadeiro,
guia a minha voz
entre o som e o silêncio

AMARGOS COMO OS FRUTOS

> *Dizes-me coisas tão amargas*
> *como os frutos...*
> KWANYAMA

Amado, por que voltas
com a morte nos olhos
e sem sandálias
como se um outro te habitasse
num tempo
para além
do tempo todo

Amado, onde perdeste tua língua de metal
a dos sinais e do provérbio
com o meu nome inscrito

    Onde deixaste a tua voz
    macia de capim e veludo
    semeada de estrelas

Amado, meu amado,
o que regressou de ti
é a tua sombra
dividida ao meio
é um antes de ti
as falas amargas
como os frutos

ORIGENS

Guardo a memória do tempo
em que éramos vatwa,
os dos frutos silvestres.
Guardo a memória de um tempo
sem tempo
antes da guerra,
      das colheitas
e das cerimónias.

Amada
vestiste os passos de chuva
para assistir ao meu fim.
Vens com os mesmos passos
das noites antigas
quando, vestida para o amor,
me preparavas o tempo
com os óleos sagrados da espera.

Amada
tens os olhos vermelhos
do sal e da culpa.
Os celeiros estão vazios
as crianças sem leite.

O RIO

Da minha mutopa
saiu um génio do mal
nem grande nem pequeno
um génio
com um machado de dois gumes
e uma moca de pau sangue.

Disse-me:
– Venho guardar a nascente do teu rio.
Levo muito tempo a apagar
os rastos de sangue
que deixa na minha pele.

De noite mistura-me os sonhos
deixa que se veja
à transparência
a luz que o queima por dentro
e me ilumina.

Sou eu que teço
a rede onde se deita.

VIAGEM

Preparei-te na pedra da casa
asas do pássaro Kalulu
com pedaços de árvores destroçadas pelos raios
e resina quente.
Chamei a metade gémea do espírito
para te passar remédios
da cabeça até aos pés.

No fundo de meu corpo perfeito
escondi
pedaços de argila e feitiços fortes.

Em cada uma das doze cabaças da origem
deitei o vinho dos votos
um pano novo da costa
três missangas azuis
e cera da colmeia menor.

Todas os dias conservei aceso o fogo sagrado
Na hora dos fantasmas
o vento diz-me a tua voz
é a voz das viagens
sem regresso.

TECIDOS

Meu corpo
é um tear vertical
onde deixaste cruzadas
as cores da tua vida: duas faixas um losango
marcas da peste.

Meu corpo
é uma floresta fechada
onde escolheste o caminho

Depois de te perderes
guardaste a chave e o provérbio.

ENTRE OS LAGOS

Esperei-te do nascer ao pôr do sol
e não vinhas, amado.
Mudaram de cor as tranças do meu cabelo
e não vinhas, amado.
Limpei a casa o cercado
fui enchendo de milho o silo maior do terreiro
balancei ao vento a cabaça da manteiga
e não vinhas, amado.
Chamei os bois pelo nome
todos me responderam, amado.
Só tua voz se perdeu, amado,
para lá da curva do rio
depois da montanha sagrada
entre os lagos.

ROSTO DA MURALHA

Um homem com o coração nas mãos
correu pela borda da noite
para oficiar as trevas

Havia uma guerra anunciada
e três guerras por resolver
em toda a parte

Tinham mudado os sinais
Um homem abraçado à sua própria sombra
estendia o coração
para resolver o caminho

Era difícil perceber
por que começavam os dias a meio das noites
Era difícil perceber
a noite única que restava
no lugar do coração antigo

Um homem vai bêbado de seu próprio sangue
e mal ouve a voz de anunciar princípios

Perdeu a capacidade do gesto
não consegue deixar o rasto
de sua mão de sangue na face da muralha
as mãos já não são mãos
mas um tecido de veias
que pingam sangue no útero da floresta

Um homem arrancou o seu próprio coração
p'ra fundar a noite
encontrar o caminho
descobrir a voz
construir a fala
deixar um gesto de prata
no rosto da muralha

CONTO PENDE

No meu sonho nascem tartarugas dos olhos dos anjos.
São elas que voam e eles que resolvem problemas

[matemáticos.
No meu sonho mudo de pele p'ra ficar mais velha ainda
com escamas e garras pintadas de vermelho.
No meu sonho um anjo voa a voz da tartaruga
em volta da luz
em volta do meu sonho.

O LAGO

Tão manso é o lago dos teus olhos
que temo avançar a mão
cortar as águas
e semear o espanto
na descoberta
da minha sede antiga.

E AS MARGENS

Respira mansa a superfície do lago
silêncio e lágrimas pesam-lhe as margens.

Uma mulher quieta
enche as mãos de sangue
cortando o azul
da superfície de vidro.

CAOS
CACTUS
CACOS
mãos feridas d'espinhos
pousadas pássaros
no meu rosto.

SOMBRAS

Tristezas os olhos
que não têm o brilho de contar
estão riscados de sombras
como se o rasto dos caminhos
o longe da viagem
fosse, neles, deixando pistas.

Tristezas os olhos
de onde me olhas
detrás de um tempo passado,
o tempo das promessas antigas.

Teus olhos, amado,
são os olhos de alguém
que já morreu
e ainda não sabe.

O CERCADO

De que cor era o meu cinto de missangas, mãe
feito pelas tuas mãos
e fios do teu cabelo
cortado na lua cheia
guardado do cacimba
no cesto trançado das coisas da avó

Onde está a panela do provérbio, mãe
a das três pernas
e asa partida
que me deste antes das chuvas grandes
no dia do noivado

De que cor era a minha voz, mãe
quando anunciava a manhã junto à cascata
e descia devagarinho pelos dias

Onde está o tempo prometido p'ra viver, mãe
se tudo se guarda e recolhe no tempo da espera
p'ra lá do cercado

MUKAI (6)

P'ra não morrer nos teus lábios de prata
era preciso ser pássaro e serpente

p'ra não sentir os teus lábios de prata
era preciso ser mulher e gente

p'ra não sofrer nos teus lábios de prata
era preciso ser sonho
uma cabaça fechada

P'ra não morrer dos teus lábios de prata
era preciso não ser mulher, pássaro e gente.

O CANTO DA NOITE

Por que bebes o meu vinho, amigo
como se fosse o último
um vinho que te amarga a boca e perfuma as vestes
enquanto um coração de sinos toca
a descompasso, com palavras amargas
que te povoam a garganta

Nas mãos desfaz-se o copo
vício antigo
de amassar a massa de deus
soprar os ventos
despertar o espírito do vinho
plantar a despedida
sobre o canto da noite.

A CURVA DO RIO

Desces a curva do meu corpo, amado
com o sabor da curva de outros rios
contas as veias e deixas as mãos pousarem
como asas
como vento
sobre o sopro cansado
sobre o seio desperto

Parte a canoa e rasga a rede
tens sede de outros rios
olhos de peixes que não conheço
e dedos que sentem em mim a pele arrepiada
d'outro tempo

Sou a esperança cansada da vida
que bebes devagar
no corpo que era meu
e já perdeste
andas em círculos de fogo
à volta do meu cercado
Não entres, por favor não entres
sem os óleos puros do começo
e as laranjas.

*Vaca fêmea, guia bem amada dos rebanhos
a que não salta, não corre
avança lenta e firme,
lambe as minhas feridas
e o coração.*

MULHER VIII

Que avezinha posso ser eu
agora que me cortaram as asas
Que mulherzinha posso ser eu
agora que me tiraram as tranças
Que mãe grande mãe posso ser eu
agora que me levaram os filhos

A GUERRA

A hiena uivou toda a noite
o bicho esfomeado uivou toda a noite
as vozes saíram das casas
como o fogo se levanta das cinzas
altas todas juntas no medo
os dentes dos guerreiros
batiam sem parar
os pés das velhas juntaram-se para aquietar a poeira
um companheiro nosso não regressou
o filho único de nossas mães
não vai voltar de pé
é só o seu cheiro que volta agora
e um corpo separado daquilo que era antes
um filho dos nossos não regressou
a hiena uivou toda a noite
a terra ficou dura sob os nossos pés.

O CORPO ANTIGO

A porta larga do curral ficou pequena
todos queriam entrar ao mesmo tempo
olhar teu corpo antigo
tu o da garça branca que planava nas alturas
tu o mais esperto que o milhafre
tu filho da multidão
o chamador da chuva
o bicho cinzento das mulheres
Voltaste mudo e sem o arco
meu marido
e nem sequer pude ofertar-te
a pulseira do clã
a erva do sacrifício
as doces coxas das rãs
o meu cabelo.

AS VIÚVAS

Devorei a carne do boi do fogo
tudo até ao fim e o coração

No entanto
Kalunga, oh Kalunga,
como estou necessitada
como preciso de sorte.
Aqui a fome é tanta
que as mulheres devoraram a carne dos bois dos
homens
e as que eram virgens envelheceram
ninguém cumpriu os preceitos
       e agora somos viúvas da floresta
       e temos os sonhos perdidos

E o pai no princípio
tinha amarrado os peixes
e o pai no princípio
tinha soltado a chuva
a vaca voltava todos os dias
e não estava sozinha
tinha as tetas cheias
e os passarinhos.
Agora, Kalunga, oh Kalunga,
traz-nos o sossego, o sono
a gordura das rãs
os nossos ciclos de sangue
e os passarinhos.

O LEITE

Meu seio
secou do seu leite
na sétima lua
não posso molhar o chão
os monas
nem o capim.

A catana que deixaste sem fio
ficou viva nas minhas mãos

ganhou bainha
na pele do meu peito
do lado do coração.

MARCAS DA CULPA

As marcas da morte
estão no meu corpo
As marcas da culpa
estão nas tuas mãos.

OLHOS DE BARRO

A oleira continua a colocar os olhos do barro
a avezinha continua a voar em cima da planície.
No mato por onde andas morreu o elefante
teus olhos não viram
teus olhos cegos de barro não viram o elefante e o teu
[bem amado.

A MÃE

A mãe chegou
não estava sozinha
o cesto que trazia
não estava bem acabado
a mãe chegou
não tinha as tranças direitas
a mãe chegou e o pano que trazia
não estava bem alinhado
a mãe chegou com olhos maduros
os olhos da mãe
não olhavam na mesma direcção
a mãe chegou
e não era ainda o tempo
do pão do leite azedo
e das crianças.

A mãe chegou e a fala que trazia
não estava bem preparada
a mãe chegou
sozinha
com as falas da desgraça da miséria do leite
fermentado
[e do barulho.

ESTRANGEIRO

Estrangeiro,
teus passos alargam o fosso
em volta do cercado da casa antiga
está aceso o fogo
nos sítios do costume
e tu moves-te por dentro do frio

estrangeiro,
o pano branco na tua cabeça
anuncia a morte
de minha alma gémea
meu irmão meu noivo
o filho muito amado de sua mãe
o que portava no peito
o colar de missangas
e fios do meu cabelo

estrangeiro,
a tua voz
é um ruído surdo
um murmúrio atento

estrangeiro,
com a tua presença
a minha dança não correu
a manteiga passou
o leite cresceu azedo pelo chão
a vaca mansa de estrela na testa
não entrou no sambo
a bezerra pequena varreu a noite de gritos

estrangeiro,
ontem não nasceu ninguém no ehumbo
e a lua estava alta e nova
o velho que sofre
não conseguiu morrer

estrangeiro,
afasta de mim
teus passos perdidos
e a maldição.

A MÃE E A IRMÃ

A mãe não trouxe a irmã pela mão
viajou toda a noite sobre os seus próprios passos
toda a noite, esta noite, muitas noites
A mãe vinha sozinha sem o cesto e o peixe fumado
a garrafa de óleo de palma e o vinho fresco das
                                [espigas vermelhas
A mãe viajou toda a noite esta noite muitas noites
                                [todas as noites
com os seus pés nus subiu a montanha pelo leste
e só trazia a lua em fase pequena por companhia
e as vozes altas dos mabecos.
A mãe viajou sem as pulseiras e os óleos de protecção
no pano mal amarrado
nas mãos abertas de dor
estava escrito:
meu filho, meu filho único
não toma banho no rio
meu filho único foi sem bois
para as pastagens do céu
que são vastas
mas onde não cresce o capim.

A mãe sentou-se
fez um fogo novo com os paus antigos
preparou uma nova boneca de casamento.
Nem era trabalho dela
mas a mãe não descurou o fogo
enrolou também um fumo comprido para o cachimbo.
As tias do lado do leão choraram duas vezes

e os homens do lado do boi
afiaram as lanças,
A mãe preparou as palavras devagarinho
mas o que saiu da sua boca
não tinha sentido.

A mãe olhou as entranhas com tristeza
espremeu os seios murchos
ficou calada
no meio do dia.

EX-VOTOS

[2003]

NOSSA SENHORA DA PEDRA PRETA

"NO DIA 28 de julho às sete horas saí da residência em companhia do chefe e mais amigos com desígnio de irmos ver uma obra admirável da natureza a que os naturais de Ambaca chamam o *Puri de Careombolo* [...] Chegámos ao lugar de entrada em frente de uma grande rocha, para um subterrâneo, cuja descida é um pouco íngreme: entrámos, e logo abaixo do lado direito fica um lago, para o interior de uma imensa abóbada, cuja altura na parte mais elevada rastejará por vinte braças, ou pouco menos... esta abóbada esbranquiçada dos lados, formando o limo em altura de braça uma espécie de barra verde e apresentando por cima uma variedade de cores vivas que o pintor mais hábil talvez não igualasse: no centro do fundo está um grande torrão de pedra d'alto abaixo, formando por trás duas entradas; entre muitas coisas dignas de atenção está um buraco n'este torrão em forma de capela, no qual está uma imagem de pedra, digo, uma pequena pedra em bruto, que figura ou representa a imagem da Sra. Sant'Anna a que os moradores do distrito chamam 'Nossa Senhora da Pedra Preta' que tem a seu lado alguns papéis de promessas que algumas pessoas com devoção alli teem hido collocar."

Itinerário de uma Jornada de Luanda
ao Distrito de Ambaca
MANOEL ALVES DE CASTRO FRANCINA, 1854

EX-VOTOS

SEMEADOS UM POUCO por todo o lado de um vasto território existem santuários que, como marcos geodésicos da memória, estabelecem uma especial cartografia de sinais, histórias acontecidas. Ex-votos, vinho antigo e restos de escória alertam para o fogo sagrado que por ali lavrou o solo e aqueceu as vozes roídas pelas preces alinhadas nas noites por dormir. Por vezes, é a natureza que assume a tarefa e se apresenta tão festiva que nada mais resta senão partir a cerâmica votiva e alinhar no mapa os locais: "Nossa Senhora da Pedra Preta", "Escada e Caminho do Céu", "Rasto da Poeira de Deus", "Cova dos Milagres", "Existiu Sempre", "O que Éramos antes de Sermos". Outros locais convidam à tomada de posse e os homens não resistem, tomam posse de forma violenta (entram no templo) e deixam tudo raso. Pássaros e borboletas misturam os pólens, e árvores entrelaçadas renascem das cinzas na bifurcação dos caminhos, alargando as copas a novas chefias e outras ambições. Num lugar especial, um imbondeiro sangra de milhares de pregos que lhe espetam os vivos enquanto formulam votos e engorda enquanto os anos passam sobre os amantes infelizes que lhe habitam o interior de veludo e água.

O Túmulo de Ilunga estende-se à beira de um pequeno rio para que ninguém esqueça a arte de domesticar o ferro e traduzir para lunda a linguagem própria dos anjos. Depois há Féti. O centro. Sítio onde se forma o barro. Só as mulheres conhecem a entrada e podem mergulhar as mãos no líquido vermelho onde nada o barro. Choia, a mais antiga mulher da linhagem, continua a cozinhar loengos sobre o fogo certo. A geleia real está reservada para alguns. Ilhas de granito, lentas como certas tardes de calor e poeira, escondem, em ninhos muito afeiçoados, os textos sobrepostos a branco, vermelho e negro, que antigas sociedades da palavra deixaram nas paredes em baixo-relevo. Labirintos do gesto enquanto enleio e, como tal, texto sagrado. Miolo de capim em água pura está gravado nas paredes e a sua decifração reservada a quem teve tempo para ser iniciado. As divisões do ano podem ser aprendidas na segunda camada: meses lunares e meses naturais em harmonia fornecem a data.

DE *O LIVRO DAS PALAVRAS*

Sino
e como começa
este falar das palavras
e o livro de horas da minha avó.

EX-VOTO

O tempo pode medir-se
No corpo

As palavras de volta tecem cadeias de sombra
Tombando sobre os ombros

A cera derrete
No altar do corpo

Depois de perdida, podem tirar-se
Os relevos

As flores com que me vestiram
Eram só
Para arder melhor.

A tecedeira seguiu
com as mãos
o movimento do sol
A tecedeira criou
o mundo
com os dedos leves de amaciar
as fibras.

Os antepassados recusam
O vinho fresco da palmeira
Os antepassados recusam o vinho
E ele espalha-se pela terra
Para alimentar quissonde.

O nosso antepassado
era como o grande rio.
Fez nascer os nossos rios pequenos

Os antepassados usam o espelho
Todas as noites

Eh! Olha a aldeia dos nossos antepassados
A verdadeira aldeia sombreada de palmeiras
Que nos obrigaram a abandonar
Eh! Os antepassados
Eh! Os nossos antepassados
Mais as aldeias que nos obrigaram a abandonar
As aldeias sombreadas de palmeiras
Eh! O conjunto tão bonito das nossas aldeias
Eh! A aldeia tão bonita dos nossos antepassados
Que nos obrigaram a abandonar

Os antepassados usam o espelho todas as noites

O grande senhor não segue o rei
Repousa sobre a terra nua
Não teme nada.

As gentes de Mpinda e Mbanza Kongo
Colocaram nos braços as pulseiras
Beberam o vinho de palma
Andaram em círculo
Deixaram para as mulheres o trabalho
De apanhar os frutos maduros da palmeira

Coro:
      Se não consegues descansar, és escrava
      Mandam-te à lenha
      Mandam-te à água
      Mandam-te aos frutos

Na cozinha as mulheres tratam da gordura
No quarto as mulheres tratam dos mais novos
Os velhos não comem mais carne
Sentam-se ao sol a desfiar palavras

Coro:
      Se não consegues descansar, és escrava
      Mandam-te à lenha
      Mandam-te à água
      Mandam-te aos frutos

A terra despiu os mantos
de sombra
para curvar ao dia
seus cabelos

Uma mancha clara
tapou os olhos da lua.

E o silêncio
O silêncio a ficar
Nas tuas mãos
Quando pedes para ver
O que não está.
E o silêncio
A ficar assim nas tuas mãos
Como a massambala:
     Verde em Outubro
     Madura demais depois de Janeiro

O cinto das virgens
Quebrou-se em silêncio
Nas tuas mãos

Não entres na casa redonda quando é novembro
Ainda me guardam as velhas
E me cobre o corpo
A cinza da noite
Os restos de tacula

O cinto das virgens
Quebrou-se em silêncio
Nas tuas mãos

Estou selada na ilha do meu corpo
Deito-me no chão
A terra fala por mim
O tempo de acontecer a vida.

Estou selada na ilha do meu corpo
Deito-me no chão
Comprei o pão de véspera
E as carícias.

Trouxe as flores
Não são todas brancas, mãe
Mas são as flores frescas da manhã
Abriram ontem
E toda a noite as guardei
Enquanto coava o mel
E tecia o vestido
Não é branco, mãe
Mas serve à mesa do sacrifício
Trouxe a tacula
Antiga do tempo da avó
Não é espessa, mãe
Mas cobre o corpo
Trouxe as velas
De cera e asas
Não são puras, mãe
Mas podem arder toda a noite
Trouxe o canto
Não é claro, mãe
Mas tem os pássaros certos
Para seguir a queda dos dias
Entre o meu tempo e o teu.

IDENTIDADE

Quem for enterrado
Vestindo só a sua própria pele
Não descansa
Vagueia pelos caminhos.

Dá aos cansados repouso
Fecha-lhes os olhos de mansinho
Veste-os com os panos da origem
O trabalho ainda não acabou
A ferida grande ainda não sarou
Lava-lhes as outras feridas com a planta das folhas
                                                [rentes
Mas não lhes dês o suco
É veneno do tempo antigo e das palavras
Aquele que já não conhecemos.
Fá-los respirar por fim
Na esquina das pétalas
O ar azul
Das contas da terra.

Em cima do morro de salalé
Não nasce a orquídea
Nos lagos secos da lua
Não nadam os peixes
Das pernas das raparigas
Não desce sangue

A cinza lenta da noite
Devora a fogueira.

A consoladora das máscaras
Contou os panos
Molhando as pontas no óleo de palma dos tocadores
Virou um pano do avesso
Passeou com mãos lentas
A cara das máscaras maiores

> *Cantiga de boi é densa*
> *Não se dança nem se entende*
> CAETANO VELOSO

Os nossos bois mansos
Cantam os dias na voz primeira
Os bois de chifres curvados
Saem do caminho da água
O boi de chifres cortados
Conduz agora a manada
De nada valeu o assobio
Do grande pastor
Nem o latir dos cães
E as vozes dos miúdos
O boi sem chifres
Fica bravo
Lambe com força
O sal da terra
Abandona a manada
Perto de Ondjiva
Os bois do carro
Tiram a canga
E andam à roda das cacimbas
A beber e a sujar
A água mansa.

A bola de cera do meu corpo
Foi partida a golpes de catana
A cerveja do meu sangue de dentro
Já tinha bolhas
Caminhar por dentro do meu corpo
não foi difícil
com o chicote de couro
e as sandálias.

QUANDO AFIAVAS o pau de mutiati, trazias as boas palavras: um bezerro novo cabaças preparadas para o leite uma saia de couro curtido a cera e a borracha e muitos tijolos de barro seco para construir o ninho. A fogueira ficou acesa muitos dias. No pátio cresciam os risos e a abundância. Com paus e com pedras se alargou o cercado. Outras mulheres parentes e muitos bois entraram no terreiro. Então as tuas palavras ficaram pequenas como o vento do norte. A surucucu soprou e bebeu o leite dos pequenos. A noite desce agora mais cedo e está frio dentro do eumbo.

Constrói-me a casa
Com o barro de dentro
Entrelaça o colmo

Guarda dos caminhos
Guardião do fogo

Fixa um tronco aqui
E outro ali
Prepara a preciosa mistura de lamas
E procura a fibra vegetal exacta
Constrói-me a casa com o barro de dentro

Guarda dos caminhos
Guardião do fogo.

PROFECIA DE NAKULENGUE

*Os sons sibilantes do fole
do ferreiro curam as pedras*

A mulher do barro encontrou
O aloés partido

Secou o aloés em cima do forno do barro

Os vasos da oleira mais nova
Partiram pelo lado.

PROFECIA DE KAMINA KONGOLO

As redes incharão de peixes
O celeiro magro acolherá o grão
As crianças sujas de leite
Voltarão a casa dos avós

AVISO DE MUVI, O SÁBIO

Se cuidas das folhas para o elefante
Não esqueças o capim
Para a cabra do mato

Deixem passar o filho do homem
Que as árvores torcidas
Se endireitem à sua passagem

A ponta da cauda
Do leopardo
Mesmo quando dorme
Sempre se agita

O ancião elevou a criança para oriente:
                    "todos os teus pais"
e com vagar para ocidente:
                    "todas as tuas mães"

os do clã da figueira brava
trouxeram o leite e os figos

os do clã da hiena
o riso e a palavra

Era o primeiro dos dez dias da lua nova

OTYOTO, O ALTAR DA FAMÍLIA

Cansada de voar pássaros
a boca do vento

a avó
cortou o pão e a mandioca.

O VIAJANTE

Parou para traçar as sandálias
E olhar a terra arrepiada
A dar à luz
Luas de prata.

MANUAL PARA AMANTES DESESPERADOS

[2007]

Um cesto faz-se de muitos fios
DITO UMBUNDU

Estende o corpo sobre a duna
e deixa
que as penínsulas se inundem do vinho
que esmaguei
nas montanhas da memória...
DAVID MESTRE

Mantém a tua mão
No rigor das dunas
Andar no arame
Não é próprio de desertos

Cruza sobre mim
As pontas do vento
E orienta-as a sul
Pelo sol

Mantém a tua mão
Perpendicular às dunas
E encontra o equilibro
No corredor do vento

A nossa conversa percorrerá oásis
Os lábios a sede

Quando saíres
Deixa encostadas
As portas do Kalahari.

Pode ser que me encontres
Se caminhares pelas dunas
Sobre a ardência da areia
Por entre as plantas rasteiras

Pode ser que me encontres
Por detrás das dunas

Talvez me encontres
Na décima curva do vento
Molhada ainda do sangue das virgens do sacrifício
Por entre a febre
A arder

Pode ser que me encontres
Como ao escaravelho negro
Dobrada ao chão da décima duna
No corpo as gotas da salvação
Na exacta medida da tua sede

Pode ser que me encontres
No lugar da aranha do deserto
A tecer a teia
De seda e areia

Deixa a mão pousada na duna
Enquanto dura a tempestade de areia

A sede colherá o mel do corpo
Renasceremos tranquilos
De cada morte dos corpos
Eu em ti
Tu em mim
O deserto à volta.

Dormias
Enquanto cantava a rola
O cuco e o bem-te-vi

Dormias
Enquanto duas vacas
Pariam no curral

Dormias
Quando a hiena entrou no cercado
Levou o cabrito pequeno
E partiu a cabaça dos sacrifícios

Dormias
Quando a água chegou à mulola grande

Dormias
E já ia alto
O canto da rola
Do cuco e do bem-te-vi.

Devia olhar o rei
Mas foi o escravo que chegou
Para me semear o corpo de erva rasteira

Devia sentar-me na cadeira ao lado do rei
Mas foi no chão que deixei a marca do meu corpo

Penteei-me para o rei
Mas foi ao escravo que dei as tranças do meu cabelo

O escravo era novo
Tinha um corpo perfeito
As mãos feitas para a taça dos meus seios

Devia olhar o rei
Mas baixei a cabeça
Doce terna
Diante do escravo.

Deixa as mãos cegas
Aprender a ler o meu corpo
Que eu ofereço vales
curvas de rio
óleos

Deixa as mãos cegas
Descer o rio
Por montes e vales.

Nas tuas mãos
Ardia
barco de espuma
rede

das tuas mãos escorria
língua de fogo
sede

nas tuas mãos
sentia
dobra do vento
febre

nas tuas mãos
tremia
nome da vida
tempo.

Reconheço a tua voz
no lume das dunas
clara grave
com um leve travo amargo
entre as vogais

reconheço a tua voz
no tronco retorcido das árvores
simples
palavra a palavra dita

a tua voz é a floresta galeria
na terra vermelha do corpo.

Nas tuas mãos começava
O mundo
E nada
Nem o dia
Podia ser mais perfeito

Tu eras o bicho cinzento
Do entrelaçado dos limos
O da multidão
O que deslizava na água
Como a sombra.

Agora alguns anos depois
Um anjo caído
Encontra ninho
No colo em sangue do meu peito.

DO LIVRO DAS VIAGENS
(*caderno de Fabro*)

De onde eu venho
sou visitada pelas águas ao meio-dia
quando o silêncio se transforma
para as doces palavras do sal em flor
e das raparigas

Os muros são de pedra seca
e deixam escapar a luz por entre os corredores
de raízes e vidro
lentas mulheres preparam a farinha
e cada gesto funda
o mundo todos os dias
há velhas mulheres pousadas sobre a tarde
enquanto a palavra
salta o muro e volta com um sorriso tímido de dentes
                                        [e sol.

De onde eu venho procura-se a lenha pelo caminho
                                [da sede
as mulheres novas seguram-na contra o peito.
O acto de a ver arder faz-se em família
enquanto os lábios ávidos
murmuram devagar todas as palavras.

De onde eu venho há pedras antigas
gastas das mãos das mulheres
que inventam a farinha de levedar
os dias

as aves rasam a mesa
quando se abrem os frutos e se debulha o milho
as mãos, as lentíssimas mãos,
acendem o fogo do meio.

Dividem-se as palavras e as cinzas
pode ser de paixão
para que escorram da boca
os verbos
soltos então pelo chão onde as crianças pousam
seus pés de leite e sono

De onde eu venho o medo
já foi a própria casa
um gesto de sombra a palavra
agora canta-se devagarinho
pode beber-se do musgo
lágrimas amargas de sede.

De onde eu venho empresta-se o corpo à casa
a memória ao tecto onde pinga a chuva
como se fosse agora como se fosse sempre
depois estendem-se os cogumelos
e olham-se as flores onde o desejo passeia
devagar.
São bem-vindas as chegadas
há portos e cais por todo o lado
e, na falta, braços fortes que nos carregam ao vento
pode-se ficar
lento como redes
nas dunas.

De onde eu venho podemos esquecer os dias
e andar pela relva a beber as vozes. Uma mulher
partiu de nós
e deixou o canto para nos adormecer a alma. Seu
nome era Nina e a sua vida terminou a sopro
hoje de manhã
conheço as suas crianças e sei de que se alimentam.

De onde eu venho nascem os rios
nos nervos da terra
correm certos para o mar ou
perdem-se noutros lugares do tempo
sem que ninguém
os detenha
aí lavam as raparigas seus primeiros sangues
constrói-se um sol de mentira para pendurar
de noite
na porta da vida.

Venho de muitos rios e um só mar
o Atlântico
suas cores secretas
a sua música erudita da praia
a espuma lenta das redes
de onde eu venho há lá e cá
luz, risos de gargantas feridas
almas abertas
uma ciência antiga de treinar
os olhos para as fibras
depois as águas

logo a seguir as tintas
e nadar sobre a terra
com passos de silêncio
para que nada perturbe aos olhos
a luz.

Adélia segura a minha mão
Dentro do templo
Move com força os lábios
Diz:
Nós, as concebidas no pecado
Fechadas de vidros
No altar do mundo.

Adélia lê as estelas
As escritas da areia
Lava com cuidado
As feridas
Diz:

Os sonhos são desertos
Com navios encalhados.

> *Falar diante de um pau*
> *Mas não diante de gente*
> DITO NYANEKA

Das duas de mim só percebeste
A louca
A voz de íntima nudez
O grito surdo da fêmea.

Das duas de mim
Só percebeste a outra
A dos ventos soltos
Cabaças no ventre
E um demónio
Nos cabelos

Das duas de mim
Só percebeste a sombra
A embriaguez do vinho
O brilho da palavra
O sonho

Agora que um mapa estranho
Traçou na face os caminhos da santa
O sonho apareceu despido
Ainda voltas
De vez em quando
Com as palavras da louca.

Esta manhã dói-me mais do que é costume
A pele
As escarificações
As cicatrizes
Doeu-me a noite de laços e espuma
Dói-me agora a pele
As escarificações as cicatrizes
Dói-me o teu corpo deitado
O silêncio
Os gritos em feixe
dentro de mim.

OTYOTO
(*o altar da família*)

Todas as mães da casa redonda disseram
Guarda os tesouros
Os telhados de vidro
O silêncio
Cuida do corpo da casa e das tranças
Desfaz-te em leite
Para a fome das crianças

Ninguém falou de dor
Abandono solidão
A loucura é palavra interdita
Ficam os sonhos a voar
Pássaros na boca do vento.

Para Ivone

Frio frio frio
Frio como a água do rio
Procuro
O escorpião azul
Que me comeu as entranhas.
O homem que saltou da janela
Deixou sementes no choco
E o coração
Frio frio frio
Frio como a pedra
No rio.

Debaixo da árvore da febre
perdi a máscara Pwo
as pulseiras pesadas
da família

Perdi a máscara Pwo
segui as marcas de sangue
até à árvore da febre

Vesti o pano antigo de noivar
os colares de missangas
e fiz de novo as tranças.

Preparada para o tempo
caminhei sobre as marcas de sangue
deitei-me
debaixo da árvore da febre

Perdi a máscara Pwo
as pulseiras de protecção
os óleos do início
os frascos dos remédios

Perdi as palavras
as dos poemas
e do silêncio

Caminhei sem canto
sem as bolas de cera virgem

o mel do princípio
a cabaça de leite azedo

Caminhei sobre o rasto das marcas de sangue
para junto da árvore da febre

Caminhei pela areia
seguindo o rasto de sangue
sem precaução.
Deitei-me debaixo da árvore da febre
sem precaução
vi a minha pele velha
rasgar-se ao sol
debaixo da árvore da febre

Vi o meu pano do nascimento desfazer-se
debaixo da árvore da febre

Como uma velha leoa
fiquei só
debaixo da árvore da febre
sem os óleos de protecção
as palavras
o silêncio
os cantos de atravessar desertos e medos

Fiquei só
debaixo da árvore da febre

Segui o rasto
as pegadas
as marcas das minhas feridas

e fiquei só
debaixo da árvore da febre

A mulher do mercado trouxe a pemba
traçou a minha testa e
as mãos
O velho soldado
entrançou-me as pernas de histórias e confusão

Debaixo da árvore da febre
eu não disse nada

Debaixo da árvore da febre
ardo devagarinho
sem as palavras
o silêncio
os óleos de protecção
os cantos de atravessar desertos
o fogo sagrado dos antepassados.

Viram a minha máscara Pwo?

FALA DO VELHO

A hiena seguiu o seu caminho
Enchendo o deserto de gritos
Do meu corpo saía o sangue dos princípios
Noites de efiko ritual de iniciação
A hiena seguiu seu caminho
Enchendo o deserto de gritos
O pássaro grande voou três vezes
Sobre mim
Três vezes voou e seguiu o seu caminho

Os deuses olharam para lá das dunas
O centro do mundo
As velhas curtiram a pele
Para recolher os restos

Meus lábios rebentaram de sede
E o barulho da água
Fazia eco mais em baixo
Silêncio era o meu sol
O meu destino

A minha morte pequena ficou ali feita deserto
Enquanto
A hiena seguia o seu caminho
Enchendo o deserto de gritos.

FALA DA VELHA

Navego uma solidão de búzios
No mar verde de canela e açafrão
A noite é mais fechada
No ar de prata e pólen
Que respiro

Meu coração é um lago
Por onde deslizou a vida
Sem flores
Sem nenúfares.

Então, perto do limite, ele cumpriu a promessa
Desenterrou do solo negro
Os ossos do tempo
partidos em dois.

Juntou-os e leu o mais antigo registo
Do que parecia a vida
Ali debaixo da terra quente e negra.

No deserto vi as estelas
Do caminho do meio
No deserto vi as estelas
Com os poemas inscritos
Pelo deserto fui ao fundo da noite
Ao fundo da vida
Passei os dedos cegos pelas estelas
Vi o nome verdadeiro
Escondido em Segalen
No deserto vi as estelas
A tempestade
A solidão por dentro
Olhei de novo o escravo
Sentei-me a olhar o fim
Encontrei o segredo
Fechei devagarinho as portas.

COMO VEIAS FINAS NA TERRA

[2010]

ENTRE LUZ E SOMBRA

A Leopold Sédar Senghor

A sombra desliza
por detrás dos vimes
celebra-se a hora
os mortos abandonam os vivos
para viver em paz
por entre as veias finas da terra.

Acendo com as mãos das mães
a candeia antiga de óleo de palma
A serpente do lugar dorme
sobre seus ovos de vida
Os guardiães das fontes
preparam a madrugada
enquanto as mulheres dos clãs
                    de cima
provam a comida da noite
e velam pelo fogo
                    das oferendas.

Uma antiga fúria oferece
a fórmula
limpa as palavras
de todas as sílabas mortas.

Regressa a velha canção serere
de seda e sombra
como o silêncio das mães.

O nó da voz atravessou a vida
sustenta a metade da terra
onde deslizam as sombras
por detrás dos vimes
Celebra-se então a hora
os mortos abandonam os vivos
entre sombra e luz
nas veias finas da terra.

OS NOVOS CADERNOS DE FABRO

1.
Não demore. A palavra de brilho está à espera.
Por si encontro novos caminhos e antigas fontes de beber
sedes e sorrisos. De tinta não há notícias mas sinais
velhos sinais perdidos nas dunas e na areia.
Sou o deserto
sem as palavras.

II.
Vou pelos passos das crianças gritar num sul mais novo. Se demorar espere por mim.
Aqui as crianças estão escondidas e espreitam
o dia
com seus pezinhos de lã.
Amanhã preparo o corpo
De perfume e água fria
e vou
rumo ao sul no rasto delas.
Talvez entretanto no pátio dos olhos tenha
Nascido a buganvília.

III.
Aqui algumas árvores cobriram-se de flores
para
impedir o choro e o canto das raízes.
O jacarandá invadiu devagarinho
as esquinas da cidade.
Ninguém
deu conta
mas uma luz azul tomou conta de tudo
durante uns tempos.
Doença assim é p'ra fazer gritar de
prazer.

IV.
Aqui a música pode ouvir-se na mão
curvada
búzio
sobre
o ouvido. O que sobra são os sinos às
seis da tarde.
Quando se colhe a roupa fica de linho
o mar.

V.
Aqui as pedras já não são pedras. O
sopro de vida que as
habita é um resto da fala antiga
de que são feitos
os versos. Fios de pólen
e líquenes
recriam
antigas danças de floresta. O mar
deixa o cheiro pelas mãos.

VI.
A eternidade é um carro enterrado na lama
Dentro da noite escura
Um pirilampo aceso
Pulsa em silêncio as horas deita
lume dentro da água da chuva

Dentro da eternidade toda
a gente respira
sem oriente nem ocidente

a eternidade navega uma
solidão de lama

I.

Passeio interrompidas vinhas
Colho os cachos de duas cores
Separo de lenta meada três fios
Muitos desejos
O barro encarnado
o fio da vida
os pés de dançar vinhos

do longe só conheço os meios
os punhos de renda
plantar o sol à míngua de lua.

II.

A moça de negro tinha lentas cicatrizes

Desfaço as maiores
com as pontas dos dedos
enquanto abro outras
na concha do ventre

encho as mãos de sangue
na rosa aberta do seu peito.

Segura para mim o tempo
Dizias
Enquanto movias a mão
Como a folha se vira para a luz
A sombra desenha-se na parede
Avanças.
Ah tanta estrada
Nessa mão parada.

> *Flor de farinha/ fêmea de gado miúdo/*
> *oferta queimada/ no altar do mundo*
> (PALAVRAS DE JULIANA
> ENQUANTO AMASSAVA O PÃO)

Quantas coisas do amor
P'ra ti guardei
Coisas simples como estar à espera
Manter o pão quente
Deixar o vinho abrir-se
Em mil sabores
Guardei-me das tentações
das sombras do desejo
das vozes
dos segredos

seria muito pedir-te
que me veles o sono
só mais uma vez.

Ouço-te respirar entre as sílabas do poema

passas as mãos como se respirasses
pela pele do poema
os lábios gretados
do tempo

Quando vinhas com palavras
bater-me à porta.

A CABEÇA DE NEFERTITI

> *Tivesse soerguido, da solidão granular,*
> *o perfil oblongo*
> *Da cabeça de Nefertiti*
> LUÍS CARLOS PATRAQUIM

Esta cabeça é minha
por cima do muro
que a sustém
Esta cabeça está cortada de mim
há sete mil anos
e no entanto é a voz dela
que fala dentro da minha voz
o seu olho vazado que me ilumina
os olhos
Pelo seu nariz eu respiro
o barro dos antigos
e passo pelos olhos o khol preto
da distância
É Berlim com o sopro dos anjos
em cada esquina
é deserto com desenhos de areia
muito fina
percorro o labirinto
Esta cabeça é minha
é o perfil que me convém
com seu olhar vazio e limpo
do sono de tantos anos
Esta cabeça
encaixa-se-me nos ombros

com o peso dos cabelos
Esta mulher é a minha fala
O meu segredo
Minha língua de poder
E meus mistérios

Esta mulher está fechada em mim
há sete mil anos
por ela descobri o rosto
fui noiva e esposa
conheci o doce sabor do abandono

Como ela não sei quem sou
Estou diante do espelho
Com uma moldura de bronze à volta

Havia tantos pássaros
na boca das árvores
que se podia começar o dia
dizendo apenas pássaro
folha manhã.

O corpo ficou fechado para as estações
na carne viva do tempo.
Parti o silêncio em dois
vermelho e branco
vida e morte

a escarificação da esquerda
é a do clã antigo
e os riscos da face
um erro de partida
os braços fortes
da procura da água
os pés grandes demais
para seguir os caminhos.

Começa a história
Desde o princípio assim
Era uma vez um
Sol e a lua que lhe pertence
Mais a terra entre os dois e
A paisagem
Com os seus vultos parados
À espera da carne fresca
Planta a história de vozes
Sujeitos caminhos e esperança
Depois a história curva-se sobre si própria
Medita duas vezes na água do rio
O fim está escrito
Nas linhas firmes das
Minhas mãos.

Ela caminhava lentamente
para dentro do silêncio
não ouviu protegida
as palavras de dor do pretendido
"nada importa a não ser o poema"

ADORNO

Toda a noite chorei na casa velha
Provei, da terra, as veias finas.
Um nome um nome a causa das coisas
Eu terra eu árvore eu sinto
todas as veias da terra
em mim e
o doce silêncio da noite.

O facto de dormirmos na mesma esteira
Não significa que temos os mesmos sonhos
PROVÉRBIO BURKINABE

Um dia eu posso chegar demanhãzinha
já de frutos colhidos e ovos frescos
afastar as cortinas de sombra da tua testa forte
fazer-te as tranças e devolver-te as sandálias
para que possas voltar aos bois e às amadas
que deixaste a sul com os seus filhos os bois e as
cabras.

Arranjo-te o saco de couro
o leite azedo os braceletes
a catana do avô com a bainha trançada
Um dia, meu amor, um dia.

Não digo a palavra mesmo que o musgo
Nasça na tua sede
Os olhos brilhem de *sono antigo*
Não, não digo a palavra
Mesmo que seja tua a casa
A palmeira, a esteira, o chão dos dois
Não, não me peças a palavra
Essa que abre o cofre
A montanha e as outras árvores
De mim só tens o silêncio
O sono desacordado das horas
Infinitas horas
Pudesse eu abrir os lábios
E a palavra simples
A do verso e da água
Soaria contra a parede

Fala da amada

Fecho agora as portas de sombra
Que me dividiram a vida
Com a ponta do fio
Dou-me à luz de coração limpo
E agora aberto
Eu te me entrego
Minha vida meu corpo
Minha fala e meu lugar.

Fala do amado

Guardião do silêncio
Guardei a pérola
Para te dizer
Noites de nardos coração mais puro
Agora e todos os dias
Do meu amor
Para receber na minha a tua mão

A CHUVA

TALVEZ O PRINCÍPIO fosse a chuva assim descendo sobre a terra para a cobrir de lama fértil e cogumelos. A chuva costuma anunciar-se de longe e avança sobre a distância ligando o chão gretado da seca e dos tempos. A chuva sara o próprio ar e é mãe, pai, tecto, templo para todos os viventes grandes e pequenos. Cai sobre a terra ávida vinda não se sabe bem de onde e lambe-lhe as cicatrizes até criar vida de novo a cada ciclo de vento e terra.
De onde eu venho a chuva usa uma voz fininha para falar uma língua de sopros, rente-ao-chão e faz crescer com a lava dessa voz o mundo em volta. Os miúdos aprendem cedo a conhecer os sons da fala, a forma como muda na dobra do vento. Bebem dela a ciência da sede e esticam as asas sob a sua cortina de pérolas.

Fosse urdu a minha língua
E o mais antigo som
Encheria de eco
O coração

Fosse música a minha língua
E voariam pássaros
Do meu peito e minha árvore

Fosse dança a minha língua
E meu corpo do vime
Saberia a dobra

Contarei de ti o
Único segredo
A forma como te fazes pedra
E rio
No fundo do meu leito

Brilhas ao sol crespo das esquinas
Apareces anjo na noite espessa
Da espera ninguém sabe
Eu digo agora
Abres de luz o dia claro

Toda a tua vida
É um ciclo de espera
Uma criança às costas
E uma em cada mão.

Estes poemas cabem dentro do ruído
(gargantas abertas, crianças às voltas,
mãos cravadas na enxada curta)

Agora que habito um país de silêncio
Recolhida na cela fria e branca
De um certo momento da vida
Me entrego a recolher
A memória do grito
Os sorrisos alargados de antigas fêmeas
Soltas das amarras dos gritos
um poema
apenas um poema

Compraste o meu amor
Com o vinho dos antigos
Sedas da Índia
anéis de vidro

Sou tua, meu senhor
À segunda, terça, quarta, quinta, sexta-feira
E também preparo funje aos sábados
Não não me peças o domingo
Todos os deuses descansam
E sei também das concubinas
O horário de serviço

Estico até à seda
o fio das palavras
as palavras são como os olhos das mulheres
fios de pérolas ligadas pelos nós da vida

Detenho-me no cais
Ainda não é a hora
Eu sei
Há barcos de um lado
E comboios antigos de toda a parte
Ainda não é hora
Eu sei
Detenho-me no cais
Eu sei não é ainda a hora
As pessoas deslizam
Acertam as suas vidas
Pelos relógios

Anseias por chegar a casa
Dizes
Ali onde conheces de cor
O lugar dos potes
A mesa
os lençóis lavados
o pão fresco das manhãs

É sempre à noite que mais dói
Dizia-me o amigo
Chega a febre
O cheiro ácido do pântano
O silêncio gelado dos nossos mortos
A presença inquieta dos outros
O lento movimento das dunas

Paisagens confundidas
o solstício o começo do cacimbo
um dia muito grande de luz e vida
as noites mais antigas
logo a seguir.

A CASA DE MEU PAI

A casa do pai morreu no mesmo dia
Explodiu de insectos
O lugar onde costumava ser o paraíso
Estranhos estes caminhos de sombra
Que se abriram
Quando deixámos o jardim da mãe
Na pedra ainda estava inscrita
A dança de roda os fios finos
A sua figura sentada o cheiro dos óleos
Não posso voltar agora
À casa do pai
Ainda que saiba o caminho
E uma a uma
As árvores
Junto ao poço.

> *But in his heart Cupido could find no rest*
> ANDRÉ BRINK

Choro no dia seguinte
As coisas que devia chorar hoje
Lembro a primeira morte
As sombras coladas ao chão
Os gritos sufocados da aldeia
As vestes negras das mulheres
A guardar um rosto
A soletrar um nome
Nada resta desse tempo
Quieto de dias plácidos
E noites longas
Flechas de veneno
Moram no coração dos vivos
Acabou o tempo de lembrar
Choro no dia seguinte
As coisas que devia chorar hoje.

> *No olho de mel da onça*
> *Existe a forma da cabra*

O senhor do templo fechou
As portas da casa grande
Na minha cara
O grande senhor não sabe de mim
Das palavras que escrevo
Quando a noite chega
O senhor do templo fechou a porta
Sem aceitar as oferendas de sal
Memória e óleo de palma
Das minhas mãos
O dono do templo fechou as portas
Do mundo inteiro na minha cara
E deixou cá fora
À chuva e ao vento
A voz da multidão.

O chão é o limite
CANÇÃO DOS KALIBRADOS

Não sei do céu
E das mil e uma noites
Só bordei o tapete
E treinei os dedos
Para as veias finas da terra
Isso de olhar a lua
E crescer para o céu
É para iniciados
Mestres de cerimónias
Homens sábios
Árvores velhas
O chão é o limite
Pendo para lá todos os dias.

PEIXES

Ao Zé David

Nem bem peixes são os seres
Que habitam
O nocturno da lagoa
Onde a mãe veio deitar-se para morrer
Doía-lhe a luz do sol
O corpo de vidro
Sonhou os últimos sonhos
Não esqueças o meu rosto
A força das minhas mãos
Fez a passagem devagar.

LA DAME À LA LICORNE

> *Reaprender o mundo*
> *Em prisma novo:*
> *Pequena bátega de sol a resolver-se*
> *Em cisne,*
> *Sereia harmonizando o universo*
> ANA LUÍSA AMARAL, *A génese do amor*

Podia ter-me guiado os passos para o café
assim me haviam dito
de ser poeta em Paris
ter um bloco de notas
de capa preta
um lápis e as palavras soltas
boina vermelha
as botas pretas um frio atento
a noite e as suas sombras
e estar ali ao abandono
do dia contra a noite
alinhar as palavras esquecidas
uma a uma as mais bonitas.
Podíamos ter trocado os silêncios
ou as histórias do sul e do norte
à vez entre sorrisos
e o ruído da rua
mas assim é Paris
Apanha-nos pelas veias
E foi preciso reaprender o gosto
o cheiro o toque os olhos
os sentidos todos
os fios de seda e lã
diante da senhora e do unicórnio azul
mon seul désir.

A mulher de palavras antigas
Moveu as mãos para amarrar o sol
Deixou na praia as marcas dos pés
Inventou um texto
Para cruzar as fibras.

Ardem de novo os lírios
No silêncio inquieto das dunas
Os rios de seiva engordam
A árvore dos velhos pelas raízes

A mulher das palavras antigas
Enche de água nova
as panelas
onde os espíritos se reconhecem
e matam a sede dos dias e das noites

A guardiã do fogo começa a vida
Pelos sete caminhos
Lê as palavras iguais
E começa de novo

A memória do tempo
Está inscrita nos seus gestos pequenos
Que tornam o avesso da terra
Tão perfeito como a ilha
Que se move lenta
Por dentro do cerco.

Assim se rasgam os dias
À força de vozes
Pequenas mulheres em fila
Recolhendo os peixes

Assim se inscrevem no mapa da noite
Os gritos das mulheres
O choro das crianças.

Vou agora encontrar o lugar
Onde a mãe despe a pele das casas
Todos aos anos
Só para as revestir de novo
Do barro das origens

Para onde eu vou
Ferve a luz
Debaixo dos tectos
Há ontem e amanhã
Amores com pele de líquen
Sonhos azuis pelas esquinas
Ali não é preciso nada
Guardamos o lugar
Com palavras
Olhamos uns para os outros
E vamos, cada vez mais pobres
Tapar o sol com a peneira

POSFÁCIO

AS VEIAS PULSANTES DA TERRA E DA POESIA

Carmen Lucia Tindó Secco[1]

Já era tempo de Paula Tavares ser editada no Brasil. Senhora de uma poesia belíssima, de grande impacto e valor estético, a autora, reconhecida não só em Angola, mas em outros países, possui, elogiada por seus pares-poetas e pela crítica, uma obra que foi e vem sendo objeto de artigos de especialistas da área, bem como de dissertações de Mestrado e teses de Doutorado, em instituições universitárias brasileiras e estrangeiras.

Pelo lugar de destaque ocupado pela poesia de Paula no quadro da literatura angolana pós-1980, uma antologia poética sua, no Brasil, contribui, de modo significativo, para a consolidação do ensino das Literaturas Africanas em nossos colégios e universidades. Por isso, antes de começar propriamente este posfácio, não poderia deixar de cumprimentar, por esta admirável iniciativa, a Pallas Editora, cujos títulos editados — entre os quais, por exemplo, *Para quando a África?*, de Ki-Zerbo — vêm enriquecendo, sobremaneira, o patrimônio bibliográfico referente aos estudos africanos entre nós.

Com nove títulos publicados até o momento — um romance, *Os olhos do homem que chorava no rio* (2005), escrito a duas mãos, com Manuel Jorge Marmelo; dois livros de crônica, *O sangue da buganvília* (1998) e *A cabeça de Salomé* (2004); seis de poesia, *Ritos de passagem* (1985), *O lago da lua* (1999), *Dizes-me coisas amargas como frutos* (2001), *Ex-votos* (2003),

---

[1] Professora e pesquisadora da UFRJ e do CNPq.

Manual para amantes desesperados (2007), *Como veias finas na terra* (2010) —, Ana Paula Tavares é uma das mais importantes vozes femininas angolanas no campo literário-cultural. Os três livros de prosa — sempre prosa poética —, a escritora os firma por extenso; já os de poemas, ela os assina, apenas, Paula Tavares, sinalizando, talvez, para o fato de ser a sua poesia caracterizada pela condensação de imagens, pelo minimalismo dos versos e poemas, pela intensa elaboração literária da linguagem.

Nos anos 1980, Paula foi uma das responsáveis pela fundação, em Angola, de uma nova dicção poética que repensava a questão da sexualidade reprimida das mulheres e não se eximia de refletir sobre as desilusões sociais, mostrando-se contrária à opressão e à dor.

Os poemas de *Como veias finas na terra* (2010) e os dos livros anteriores de Paula são como rios que penetram a nação angolana, como sangue que oxigena o corpo da terra, como poesia que ativa a circulação da vida, tomada esta em seu sentido natural, cultural, espiritual, em suma, em seu sentido pleno.

As águas que umedecem sua poesia são as das lágrimas femininas e as dos lagos de sua região natal. Águas doces, que, entretanto, se apresentam, por vezes, amargas, em razão dos constantes sofrimentos vividos pelos povos angolanos, em especial pelas mulheres que, além de vítimas do machismo — tanto o exercido pelo colonialismo, como o existente em algumas tradições autóctones —, o foram, também, de guerras que perduraram mais de 40 anos em Angola.

A par das águas que perpassam diversos poemas da autora, sua poética não pode ser definida como predominantemente aquática, pois são os ritos e o gosto da terra, os gritos e as dores das mulheres, o vazio e o movediço das areias do deserto, a artesania do barro das palavras que sobressaem da maioria de seus versos. É uma poesia que carrega dentro de si contradições inúmeras, complexidades enormes, fazendo interagirem, em tensão, os sentidos telúricos e o espólio advindo de culturas que, através dos séculos, habitaram Angola; tradição e modernidade; a aridez de dunas junto às fronteiras com a Namíbia e a liquidez de rios e lagos angolanos; provérbios locais e legados culturais trazidos pela colonização portuguesa; mitos e cantos coletivos mumuílas, originários da região da Huíla, no sudoeste angolano, e heranças de epopeias homéricas — tudo isso contracena com o olhar e os afetos do sujeito lírico, com sua solidão de poeta.

É uma *poiesis* que opera com o exercício metalinguístico do escrever-reescrever poético e, ao mesmo tempo, com uma ressignificação da oralidade das tradições do sul de Angola. Põe em cena uma voz lírica feminina reveladora dos abusos de poder sofridos tanto pelas mulheres do contexto rural do sudoeste angolano como pelas de vivência urbana. Também alegoriza, criticamente, os dramas da fome, a dor e a perda da inocência das crianças nascidas ao som de tiros e explosões de minas. A semântica dos poemas se encontra não só voltada para uma cartografia pastoril da região da Huíla, porém, ainda, principalmente em seus últimos livros, para as origens das artes no Ocidente, evidenciando que hibridações culturais estão presentes em seu imaginário literário, assim como no de outros escritores angolanos contemporâneos.

Alguns signos e metáforas atravessam a obra de Paula, sendo vitais para a compreensão de sua poesia: sangue, ritos, árvores, buganvília, grito, água, lago, barro, terra, frutos, óleo de palma, bois, mitos, religiosidades, deserto, dunas, lua, sol, unicórnio, sonhos, teias, tecidos, fios da História e das estórias.

Laura Padilha, no artigo "Paula Tavares e a Semeadura da Palavra" (2000), citado em nossas Referências, chama atenção para algumas dessas metáforas recorrentes na obra da autora, principalmente para o grito rebelde que caracteriza a poética transgressora de Paula Tavares.

Tânia Macedo, no texto "A delicadeza e a força da Poesia" (2011), faz um balanço dos 25 anos de poesia de Paula, destacando símbolos que, com insistência, se repetem: frutos, árvore, buganvília, mitos angolanos e bíblicos, terra e, além destes, coincidentes com os que também apontamos, a imagem da tecedeira, cuja presença, em *Ex-votos* (2003), em *Manual para amantes desesperados* (2007) e, especialmente, em *Como veias finas na terra* (2010), remete, metaforicamente, ao próprio processo de criação poética.

Desde *Ritos de passagem* (1985), o eu-lírico critica as práticas autoritárias em relação às mulheres, como, por exemplo, o alambamento, ou seja, o dote que prescrevia a troca das noivas por vacas e grãos. Rebela-se contra hábitos castradores dos comportamentos femininos, como *a tábua de Eylekessa*, que, entre algumas etnias do sudoeste angolano, consistia numa madeira amarrada às costas das meninas para que estas crescessem eretas e, na idade adulta, tivessem uma impecável postura física.

Saltando o cercado e buscando ao sul a liberdade, a figura feminina, nesse primeiro livro de Paula Tavares, persegue os cheiros e sabores da terra, redescobrindo a própria sexualidade. A *tacula*[2] vermelha e o barro branco que cobrem os corpos das raparigas assinalam a sacralidade das cerimônias rituais da puberdade. No último poema dessa obra, a metáfora de um grande falo fertiliza a terra, representando não apenas a erotização da mulher, porém a da própria poesia:

> [...]
> com água sagrada da chuva
> retiraram-lhe a máscara
>
> pintaram [...]
>   com
>   tacula
>   barro branco
>   sangue...
>
> entoaram cantos breves
> enquanto um grande falo
> fertilizava o espaço aberto
> a sete palmos da raiz.
>
> (TAVARES, p. 67)[3]

Outra metáfora que permeia a obra de Paula Tavares é a do barro. Em *O lago da lua* (1999), também está

---

[2] Tacula é uma árvore de Angola que produz madeira e tinta vermelha. Essa tinta é usada para untar os corpos das raparigas nos rituais de iniciação. Também é usada para se reverenciarem os espíritos.

[3] Nota do Editor: caso o ano da obra não seja indicado, as remissões a poemas se referem a páginas deste volume.

associada aos ritos de iniciação feminina, quando as meninas-moças vão ao lago lavar seu primeiro sangue (TAVARES, 1999, p. 11). Encontra-se, ainda, por outro lado, relacionada aos sentidos profundos das origens. A imagem do lago remete aos sonhos que resistiram à dor e à guerra; funciona como espelho no qual o sujeito poético procura a identidade esboroada. A terra e o barro, embora suas texturas não apresentem reflexos como os das águas lacustres, guardam, de outra maneira, uma função especular que se evidencia no trabalho criativo das oleiras, cujas mãos moldam peças singulares em terracota, gravando, na memória da argila, fragmentos de suas histórias:

> Abre a terra
> Deixa que me veja ao espelho
> E encontre o meu lugar
> No vazio
> No meio de trezentas mil virgens de terracota.
>
> (TAVARES, p. 80)

As crônicas do livro *O sangue da buganvília* (1998) desvelam o clima de desesperança que envolve a sociedade angolana mergulhada em guerras no pós-independência: "trata-se sim de olhar no espelho a nossa própria velhice e a velhice da pátria apodrecida pela guerra, fermentada de fome, adiada de projectos." (TAVARES, 1998, pp. 72-73). A "fissura dos sonhos" é causada pelo vácuo que domina e cega todos: "No mato por onde andas morreu o elefante/ Teus olhos não viram/ Teus olhos cegos de barro não viram o elefante e o teu bem amado." (TAVARES, p. 144). O barro que geralmente é relacionado à criação estética, à linguagem ou às origens e raízes culturais dos povos angolanos transforma-se em elemento que tolda a visão e a memória destes.

> Recomeçou a viagem quando os vasos se partiram. Olha de longe a nação e não reconhece o monstro que lhe devorou a memória. Mãos fechadas sobre o coração aberto, olhos abrasados pela sede, perdeu o sentido das fontes e não percebe que as bocas da terra vomitam agora um barro amassado de sangue e impossível de trabalhar. (TAVARES, 2004, p. 22)

A consciência da impossibilidade de modelar o barro com a leveza de antes gera intenso desencanto. Um profundo amargor assinala a produção literária de Paula Tavares publicada nos anos 1998, 1999, 2001, estabelecendo, desse modo, uma diferença em relação a seu primeiro livro, *Ritos de passagem*, editado em 1985, que ainda guarda a utopia das transformações sociais propiciadas pelas lutas libertárias, a sensualidade feminina que redescobre os cheiros do próprio corpo, os sabores do sexo e dos frutos da terra. Se, nessa obra, há, no sujeito estético, além do gozo do mirangolo[4] "que corta os lábios/ com sabor ácido/ da vida" (TAVARES, p. 25), o gosto doce do mamão que se apresenta metaforizado pela imagem da "frágil vagina semeada" (TAVARES, p. 31), podemos observar que, nos demais livros, a pele das palavras é arrancada, o mirangolo passa a escorrer sangue: "Escorreu-me pelos lábios o sangue do mirangolo" (TAVARES, p. 83) e o rito de passagem da poesia se converte em cerimônia amarga de cópula com a própria dor:

---

[4] Fruto típico angolano, muito saboroso.

Atravesso o espelho
circuncido-me por dentro
e deixo que este caco
me sangre docemente

Entre dia e espera
a história deste tempo
em carne viva.

(TAVARES, p. 84)

Principalmente a partir de *O lago da lua* (1999), a poesia de Paula Tavares discute a crise que se abateu sobre o corpo social de seu país. O eu-lírico, então, passa a expor o corpo ferido, a pele pintada não mais de *tacula*, mas de "cicatrizes" (TAVARES, p. 92), a voz metamorfoseada em "grito [que se] espeta faca/ na garganta da noite" (TAVARES, p. 92). Alcança, assim, uma contundência que lembra a de João Cabral de Melo Neto, associada ao fio da faca, à lâmina cortante de sua linguagem. Em Paula, essa contundência se expressa pela imagem da "[...] pedra de afiar" (TAVARES, 1999, p. 15) que, então, ganha a primeira cena, funcionando como metáfora do coração endurecido que resiste à "fina dor". O sujeito poético "afia a palavra" e esta, apesar de incisiva, não perde o toque lunar, nem o paladar da infância nutrida pelos sabores do leite e da manteiga da Huíla. Há uma delicadeza e doçura extremas na linguagem poética de Paula que busca a energia vital encontrada no "lago branco da lua onde depõe suas últimas reservas de sonho" (TAVARES, p. 73).

Reservatório da memória e espelho alegórico de sua própria *poiesis*, esse lago se institui como local sagrado de ritualização do verbo criador. Ao evocar as tradições ancestrais, "a máscara de *Mwana Pwo*" (TAVARES, p. 85), usada nos rituais de puberdade dos povos *lunda-txókwe*,[5] a voz lírica se mostra consciente da dupla trajetória de seu rito poético, declarando ser necessário a este "atravessar o espelho em dois sentidos" (TAVARES, p. 85): o do presente e o do outrora, o do plano existencial e o do histórico-social, o do enunciado feito letra no poema e o da enunciação que reencena, poeticamente, camadas antigas da memória individual e mítica.

O ofício do barro é, nessas culturas, antigo, sendo ocupação de mãos femininas. As oleiras sabem que "debaixo das árvores das tartarugas, deus esconde o barro para fazer novos vasos" (TAVARES, 2004, p. 22). Seguindo o exemplo dessas mulheres, os sujeitos poéticos dos livros *Dizes-me coisas amargas como os frutos* (2001) e *Ex-votos* (2003), bem como as vozes enunciadoras das crônicas de *A cabeça de Salomé* (2004), assumem, apesar das desilusões com o presente, uma atitude de resistência no que diz respeito à preservação das tradições: "[...], insiste[m] e trabalha[m] no silêncio das palavras riscadas de balas" (TAVARES, 2004, p. 22). Juntando os cacos do país dilacerado, a obra de Paula Tavares lida com "as ruínas da História", estabelecendo um diálogo com as origens. *Ex-votos* (2003) pode ser interpretado como uma oferenda de poemas, em agradecimento ao definitivo cessar fogo.

---

[5] Optamos aqui pela grafia usada por Óscar Ribas no *Dicionário de regionalismos angolanos*.

As palavras de volta tecem cadeias de sombra
Tombando sobre os ombros

A cera derrete
No altar do corpo

Depois de perdida, podem tirar-se
Os relevos

(TAVARES, p. 162)

As composições poemáticas desse livro perseguem "os marcos geodésicos da memória" (TAVARES, 2003, p. 9), efetuando uma cartografia do sagrado angolano, recriando cenas das tradições que se mantiveram esparsas sob os cacos votivos de inúmeras promessas formuladas no decorrer de séculos de opressão. *Ex--votos* se constrói, assim, como labiríntica e religiosa — religiosa no sentido etimológico de religação cósmica com as raízes ancestrais — viagem pela história, "à procura da miragem de uma terra a dar à luz luas de prata" (TAVARES, p. 181).

Ex-votos se inicia com a narração de um romeiro que, em 1854, fez a travessia de Luanda a Ambaca, visitando a região do *Puri de Careombolo*, onde há a gruta de Nossa Senhora da Pedra Preta (Sant'Ana), local sagrado de pedidos, cultos e cumprimentos de promessas. Santuários, assim como inscrições rupestres, simbolizam povos, e suas representações interligam natureza e cultura, são marcos poéticos de memórias, de vultos que atravessam vidas, estórias e História. Santuários, assim como *Ex-votos*, espelham redes e teceduras formados por fios indivizíveis em que bem/mal, sagrado/

profano se interpenetram. São espaços de preces, de juramentos, de promissões, de violências simbólicas ou físicas, explícitas, como o domínio de terras, a matança de animais, os flagelos, os feitiços em míticas árvores espetadas por pregos. A sacralização de um objeto, templo ou pessoa também se enriquece pela relação entre violência, sagrado e êxtase. "Num lugar especial um imbondeiro sangra de milhares de pregos que lhe espetam os vivos enquanto formulam votos" (TAVARES, p. 154). Papéis femininos e masculinos são marcados quando os seres adentram violentas relações com o sagrado.

O sangue da puberdade feminina, por exemplo, nutre a vida, faz germinar bons fluidos, conhece o itinerário dos labirintos e, por isso, liberta: "Só as mulheres conhecem a entrada e podem mergulhar as mãos no líquido vermelho onde nada o barro" (TAVARES, p. 154). "O barro é Féti, o centro" (TAVARES, p. 154), a origem. O tempo cósmico é fundamental nos rituais de iniciação, onde promessas são feitas, livro sagrado para a construção, nomeação e classificação de eventos.

Ex-votos repensa poeticamente o Tempo, livro da natureza e da cultura, senhor das universalidades e, simultaneamente, das histórias locais. Construtor de palavras, sons, gestos, se apresenta também como mediador de memórias do passado e da instantaneidade do presente. Esse livro é um corpo em relevo, seja pelo som do sino lembrando histórias de avoengos, seja pela tatuagem de sombras, ceras derretidas pelo calor dos pedidos. É a tecelagem de fibras nervosas, óticas, de vinhos de palmeiras. Traz a fala e a presença dos "antepassados como grandes rios que fazem nascer rios pequenos" (TAVARES, 2003, p. 17).

Os poemas de Paula Tavares de *Ex-votos* abordam uma violência sagrada que, nos novos tempos permeados de guerra, se dessacraliza e parte muitos dos elos e votos das tradições. Mostram como muitos dos costumes, promessas remotas e ensinamentos dos mais-velhos se perderam ou se encontram reatualizados: "Trouxe a tacula antiga do tempo da avó/ Não é espessa, mãe/ Mas cobre o corpo" (TAVARES, p. 168). Alguns dos antigos sortilégios quebram-se ao se chocarem com os novos tempos e gerações. Profecias como mitos de retorno embalam os textos, ora aquecendo provérbios, ora relembrando artes ancestrais, como a de "domesticar o ferro ou a de se lambuzar com o barro, sabendo que a geleia geral não é para todos" (TAVARES, 2003, p. 10).

A mulher do barro encontrou
O aloés partido

Secou o aloés em cima do forno do barro

Os vasos da oleira mais nova
Partiram pelo lado.

(TAVARES, p. 177)

Os livros de Paula Tavares são uma viagem humana, demasiadamente humana, onde a natureza espia com olhos de dentro. Como tudo que a autora escreve, havemos de ter olhos de iniciado e coração de viajante, sem pressa de nos acostumarmos à claridade de estarmos vivos. Na obra de Paula, há fios condutores constantes: o trabalho com a voz e a recuperação da memória ancestral através da reinvenção estética de mitos, provérbios; a erotização do corpo feminino e da linguagem poética; "o descascamento das palavras que trocam de pele, como frutos, num procedimento escritural que lembra a técnica usada por Clarice Lispector" (PADILHA, 2000), num constante desbastamento do verbo criador.

Nos poemas de *Manual para amantes desesperados* (2007), o sujeito lírico também reinventa ritos e rituais de povos pastores do sudoeste angolano, deixando "encostada a porta do Kalahari", deserto que fica na Namíbia, país vizinho à Angola, fazendo fronteira com a província angolana do Cunene, ao sul da região da Huíla, terra natal da autora.

Colocando-se como manual, o livro se institui como guia, como algo a ser tocado pelas mãos, como orientação para lidar amorosamente com o corpo. O corpo dos amantes. O corpo do poema e as mãos da poesia. Em meio ao vazio, ao deserto, à distopia, faz-se necessário aprender a lidar com o amor através de seu avesso — o desespero.

Herdeiro tanto das tradições orais angolanas como da poesia de David Mestre em sua modernidade literária, o lirismo de Paula Tavares funde provérbios ancestrais dos povos de Angola com dissonantes figuras de linguagem que primam por elaborado trabalho estético. Não é por acaso que o *Manual para amantes desesperados* se inicia com duas significativas epígrafes: um dito umbundo e a citação de um trecho de um poema de um dos mais importantes poetas angolanos, representante da "geração" de 1970, David Mestre, cujos versos remetem à relação entre corpo, vinho, memória e pensamento. Esses quatro elementos também percorrem a poesia de Paula Tavares. Além deles, há ainda a recorrente imagem da duna, metáfora do deserto e metonímia de Angola em suas metamorfoses ao longo da história.

A duna, areia que se move ao sabor do vento, instaura dissipação e rupturas. Polissemicamente, aponta não apenas para as transformações vividas pelo contexto social e político angolano, mas para as descontinuidades próprias da poesia contemporânea. A ambivalência da paisagem arenosa confunde-se com a da *poiesis* de Paula, cujos poemas do livro em questão são perpassados por profunda ambiguidade, oscilando entre a tranquilidade e a tempestade, entre o vento e o calor abrasador das areias desérticas: "deixe a mão pousada na duna, enquanto dura a tempestade de areia" (TAVARES, p. 189).

A duna, nesta obra de Paula Tavares, é plurissignificativa. Ora expressa "equilíbrio no corredor do vento" (TAVARES, p. 187), "corpo e gotas da salvação" (TAVARES, p. 188), ora representa sede e ardência, loucura e desespero. A duna também pode ser lida como lume, rede, manual de memórias. A voz poética enunciadora é a grande tecelã, a "aranha do deserto/ a tecer a teia/ de seda e areia" (TAVARES, p. 188) de sua própria poesia.

As perguntas que atravessam o *Manual* são as seguintes: Como deixar "encostada as portas do Kalahari" e encontrar o equilíbrio? Como acompanhar o movimento constante das areias empurradas pelo vento? Como apreender a dialética do tempo em sua historicidade? Como alimentar as memórias e as tradições, sem abrir mão das invenções trazidas pela modernidade?

O vaivém das dunas, figuradamente, representa o ir e o vir do presente e do passado, o deslocamento de histórias e estórias. Alegoriza também descobrimentos por detrás das dunas: lembranças da infância, da cultura. O vento traz o ensinamento de provérbios dos povos *nyaneka*, a tradição das velhas mulheres a prepararem a farinha, a tecerem os cestos e a debulharem o milho. A memória dos rios deságua no Atlântico, onde o sangue das raparigas desvirginadas foi atirado. Nódoas de violência ainda hoje boiam na superfície dessas águas salgadas.

As reminiscências da história trazem *gritos em feixe;* no âmago da voz lírica enunciadora, a dor se materializa em escarificações; cicatrizes marcam a pele do poema. *Laços e espuma* tecem redes de poesia. Das entrelinhas dos versos emerge a lição: amantes desesperados e povos desesperançados devem lavar as feridas, embriagar-se no vinho para liberar palavras e sonhos. "A loucura é palavra interdita./ Ficam os sonhos a voar,/ Pássaros na boca do vento" (TAVARES, p. 203).

Percebe-se, por conseguinte, que a poética de Paula Tavares concebe a tradição como lume e rede, guia e tecedura para os desesperados e desesperançados. O sujeito lírico relembra e recria, poeticamente, ritos da puberdade da tradição de raparigas do sudoeste angolano: "Debaixo da árvore da febre/ ardo devagarinho/ sem as palavras, o silêncio/ os óleos de proteção/ os cantos de atravessar desertos/ o fogo sagrado dos antepassados." (TAVARES, p. 207)

Abrindo e fechando as portas do Kalahari, a poesia de Paula adentrou a noite, viu estrelas, foi ao fundo da vida e da morte, remontou à tradição, construiu novos fios para a linguagem e se libertou da escravidão dos limites brancos do papel. Nesse movimento, recriou mitos, reviveu rituais, reinventou a história, libertou as palavras do silêncio, convertendo-as em sonho e poesia.

Em *Como veias finas na terra*, o sujeito poético tece e "retece" sua história e a de Angola, "com as linhas firmes das mãos" (TAVARES, p. 232). Mãos que percorrem, solitárias ou acompanhadas, a construção dos poemas, tecidos por veias finas e refinadas, memórias e sonhos relacionados às paisagens da infância na terra, povoadas de bois, cabras, sandálias de couro, misturadas à água da chuva, conforme declara o próprio eu-lírico, em prosa poética e em tom confessional: "De onde eu venho a chuva usa uma voz fininha para falar uma língua de sopros, rente-ao-chão e faz crescer com a lava dessa voz o mundo em volta" (TAVARES, p. 238).

Os poemas circulam como fios de pérolas, fios esticados de palavras que buscam sentidos originais, muitas vezes, por entre sombras, desertos, pedras, portas templárias fechadas. E, assim, "muitas coisas amargas" são ditas, engolidas como frutos podres à beira de estradas poeirentas, cheias de restos e resíduos de guerras; cheias, também, de vocábulos e linguagens que registram e misturam crueldades e delicadezas.

Na poesia de Paula, desde *Ritos de passagem* até *Como veias finas na terra*, uma eroticidade constante envolve a figura feminina; a natureza sempre está presente: terra, frutos, lago, lua, buganvília, ar. A palavra se faz vida, mesmo entre sombras, luz, sonhos, sorrisos, sede, fontes de beber. O verbo poético se faz árvore com troncos firmes como o jacarandá, mar deitando maresias, pés que pisam a uva e dançam ritmos a acompanharem a sensualidade da terra: "O barro encarnado/ o frio da vida/ os pés de dançar vinhos" (TAVARES, p. 223). As composições poéticas de *Como veias finas na terra* são permeadas pelos sentidos, abrindo-se aos cheiros, ao sabor do óleo de palma, à sensação tátil do calor do fogo das oferendas. Tradições e modernidade tecem alianças e se colocam como instrumentos ou ferramentas para melhor serem compreendidas as estórias/histórias de Angola e sua inserção ou não no mundo contemporâneo. Para isso, Paula Tavares revisita muitos de seus livros anteriores, fazendo uma intertextualidade inteligente com poemas seus e, outras vezes, com textos alheios. Tânia Macedo, em sua leitura desse livro de Paula Tavares, chama atenção para

> a articulação dialética de duas linhagens: a dos poetas europeus (e não podemos nos esquecer, sob este aspecto, da moderna literatura de autoria feminina de nosso tempo, como, por exemplo, a de Ana Luísa Amaral, [...]), aliada à dos poetas africanos, quer sejam eles do reino da escrita (e não é gratuito que o poema que abre o livro [de Paula] seja dedicado a Leopold Sédar Senghor e que ainda compareça uma citação de Luís Carlos Patraquim no poema "A cabeça de Nefertiti"), quer do reino da oralidade, como o provérbio burkinabe: "O facto de dormimos na mesma esteira não significa que temos os mesmos sonhos", citado como epígrafe do poema da p. 27. (MACEDO, 2011, *site* referido)

No poema "A cabeça de Nefertiti", à p. 228 de *Como veias finas*, a figura de Nefertiti alegoriza uma poesia não datada, que tanto pode estar no Cairo, em Berlim, como em Luanda, apontando para mistérios, poderes e significando séculos de história: "esta mulher é minha fala/ O meu segredo/ Minha língua de poder/ E meus mistérios" (TAVARES, p. 229).

A recorrente imagem da tecedeira em Paula Tavares também foi destacada por Tânia Macedo, em seu artigo "A delicadeza e a força da poesia", no qual chama atenção para

> [...] o poema "La dame à La Licorne", em que há a referência explícita a um dos símbolos da cultura europeia, o conjunto de tapeçarias, hoje, no Museu de Cluny (do qual o poema toma o nome – "A dama e o unicórnio"), as quais representam os cinco sentidos, com uma peça a mais, *A mon seul désir*, significando a compreensão [...] (MACEDO, 2011, *site* referido)

O conjunto de tapeçarias metaforiza a própria tecedura poética da obra de Paula. O unicórnio azul e a sexta tela representam a imaginação, o ato criador pleno que funde o carnal e o espiritual, a paixão e o sonho, os sentidos e a construção estética refinada.

> E foi preciso reaprender o gosto
> o cheiro o toque os olhos
> os sentidos todos
> os fios de seda e lã
> diante da senhora e do unicórnio azul
> mon seul désir.
>
> (TAVARES, p. 254)

A poesia de Paula nos entra pelas veias, nos apanha por inteiro, levando-nos a reflexões, em meio a sensações intensas. Cada verso seu estica ao máximo as palavras, tirando de cada uma múltiplos sentidos. É arco e lira, é seda e lã. É areia e água, terra e cheiros, frutos e deserto.

Uma alquimia profunda caracteriza o fazer poético de Paula. Não é à toa que outra figura recorrente em seus poemas é Fabro, alusão ao ferreiro de "membros robustos" citado por Homero na *Ilíada*. Dominando o fogo sagrado de conhecimentos universais e a chama das oferendas das tradições locais, o sujeito lírico dos poemas de Paula ora se assume como *histor*, tecendo fios de estórias e da História, ora se apresenta como aedo, tramando novelos de lã e labirintos de seda, metáforas da teia textual em que se converte a poesia da autora, uma poesia carregada de *epos*, na medida em que traz, por entre os veios intimistas dos desejos e sentidos, uma trama coletiva de recitações procedentes tanto de tradições orais da sua terra e de seus livros anteriores, como de sua bagagem artístico-cultural e de suas leituras de outros poetas não só africanos, mas outras de partes do mundo.

A poesia de Paula, desse modo, é leve e densa, suave e intensa, intimista e plural, local e universal. Desliza não só por entre as areias do deserto das regiões que fazem fronteira, ao sul, com Angola, mas também por "entre fios de pólen e líquenes" (TAVARES, p. 221), ao mesmo tempo em que se desenha pelas "linhas firmes de [suas] mãos" (TAVARES, p. 232).

REFERÊNCIAS BIBLIOGRÁFICAS

BARTHES, Roland. *O rumor da língua.* Lisboa: Edições 70, 1984.

BENJAMIN, Walter. *Magia e técnica, arte e política.* São Paulo: Ed. Brasiliense, 1984.

BOSI, Alfredo. *O ser e o tempo da poesia.* São Paulo: Cultrix, 1983.

CHAVES, Rita. Resenha de *O lago da lua.* In: *Metamorfoses.* Revista da *Cátedra Jorge de Sena para estudos literários luso-afro-brasileiros.* Lisboa; Rio de Janeiro, n° 1. Publicação da Editora Cosmos em parceria com a Faculdade de Letras da UFRJ, novembro de 2000. pp. 273-274.

_____. "A Palavra Enraizada de Paula Tavares". In: *Site* da União dos Escritores Angolanos. http://www.ueangola.com/index.php/criticas-e-ensaios/item/726-a-palavra-enraizada-de-paulatavares.html [Acesso em 18/4/2011.]

KI-ZERBO, Joseph. *Para quando a África?* Rio de Janeiro: Editora Pallas, 2006.

MACÊDO, Tânia Celestino de. "A Delicadeza e a Força da Poesia". In: *Mulemba.* Revista do Setor de Literaturas Africanas – UFRJ. Ano 3. Número 4, Rio de Janeiro, 2011. http://setorlitafrica.letras.ufrj.br/mulemba/numero_atual.php [Acesso em 29/04/2011.]

MATA, Inocência. *Literatura angolana: silêncios e falas de uma voz inquieta.* Lisboa: Mar Além, 2001.

PADILHA, Laura. *Entre voz e letra*: o lugar da ancestralidade na ficção angolana do século XX. 2ª ed. Rio de Janeiro: Pallas, 2007.

_____. "Uma cerimônia de iniciação: a escrita feminina angolana pós-75". In: *Atas do III Seminário Nacional Mulher e Literatura.* Florianópolis: UFSC, outubro de 1989. pp. 216-220.

_____. "Paula Tavares e a semeadura da Palavra". In: SEPÚLVEDA, M. do Carmo e SALGADO, M. Tereza. *África & Brasil: Letras em laços*. Rio de Janeiro: Atlântica, 2000. pp. 287-302.

_____. "Palestra sobre Paula Tavares". Rio de Janeiro: Faculdade de Letras/ UFRJ, 5/10/2000.

RIBAS, Óscar. *Dicionário de regionalismos angolanos*. Matosinhos: Ed. Contemporânea, s.d.

TAVARES, Ana Paula. *Ritos de passagem*. Poemas. Luanda: União dos Escritores Angolanos, 1985.

_____. *O sangue da buganvília*. Crônicas. Praia; Mindelo: Centro Cultural Português, 1998.

_____. *O lago da lua*. Poemas. Lisboa: Caminho, 1999.

_____. *Dizes-me coisas amargas como os frutos*. Poemas. Lisboa: Caminho, 2001.

_____. *Ex-votos*. Lisboa: Caminho, 2003.

_____. *A cabeça de Salomé*. Lisboa: Caminho, 2004.

_____ e MARMELO, Manuel Jorge. *Os olhos do homem que chorava no rio*. Lisboa: Caminho, 2005.

_____. *Manual para amantes desesperados*. Lisboa: Caminho, 2007.

_____. *Como veias finas na terra*. Lisboa: Caminho, 2010.

SUMÁRIO

RITOS DE PASSAGEM [1985]

7 Prefácio, por *Inocência Mata*

15 Cerimónia de passagem

De cheiro macio ao tacto
19 A abóbora menina
21 O maboque
23 A anona
25 O mirangolo
27 A nocha
29 A nêspera
31 O mamão
33 A manga
35 O matrindindi

Navegação circular
39 Circum-navegação
41 O amor impossível
43 "Olho de vaca fotografa a morte"
45 Boi à vela

Cerimónias de passagem
49 Rapariga
51 Exacto limite
53 Colheitas
55 [Desossaste-me]
57 [A ternura tem som, riso e lágrimas]
59 Alphabeto
61 [Colonizámos a vida]
63 No fundo tudo é simples...
65 Animal sixty
67 Cerimónia secreta

O LAGO DA LUA [1999]

73 [No lago branco da lua]
74 Ex-voto
75 [Meu pau de mundjiri]
76 [Muvi, o sábio, usa a minha cabeça]
77 Canto de nascimento
79 [Aquela mulher que rasga a noite]
80 Terracota
81 [O meu amado chega]
82 [Não conheço nada do país do meu amado]
83 [Tratem-me com a massa]
84 [Atravesso o espelho]
85 [Chegou a noite]
86 [Está escuro]
87 [Vieram muitos]
88 [Perguntas-me do silêncio]
89 Mukai (1)
90 Mukai (2)
91 Mukai (3)
92 Mukai (4)
93 [Assim o corpo]
95 November without water
96 [O que queres esconder de mim]
98 [Chegas]
99 O japão
105 História de amor da princesa ozoro
e do húngaro ladislau magyar
106 Nossa vida é a chama do lugar que se consome
enquanto ilumina a noite

DIZES-ME COISAS AMARGAS COMO OS FRUTOS [2001]

119 Amargos como os frutos
120 Origens
121 [Amada]
122 O rio
123 Viagem
124 Tecidos
125 Entre os lagos
126 Rosto da muralha
128 Conto pende
129 O lago
130 E as margens
131 [Caos]
132 Sombras
133 O cercado
134 Mukai (6)
135 O canto da noite
136 A curva do rio
138 Mulher VIII
139 A guerra
140 O corpo antigo
141 As viúvas
142 O leite
143 Marcas da culpa
144 Olhos de barro
145 A mãe
146 Estrangeiro
148 A mãe e a irmã

EX-VOTOS [2003]

153 Nossa senhora da pedra preta
154 Ex-votos
156 De *o livro das palavras*
157 Ex-voto
158 [As flores com que me vestiram]
159 [A tecedeira seguiu]
160 [Os antepassados recusam]
161 [O nosso antepassado]
162 [Os antepassados usam o espelho]
163 [O grande senhor não segue o rei]
164 [As gentes de Mpinda e Mbanza Kongo]
165 [A terra despiu os mantos]
166 [E o silêncio]
167 [Estou selada na ilha do meu corpo]
168 [Trouxe as flores]
169 Identidade
170 [Dá aos cansados repouso]
171 [Em cima do morro de salalé]
172 [A consoladora das máscaras]
173 [Os nossos bois mansos]
174 [A bola de cera do meu corpo]
175 [Quando afiavas o pau de mutiati]
176 [Constrói-me a casa]
177 Profecia de nakulengue
178 [Deixem passar o filho do homem]
179 [O ancião elevou a criança para oriente:]
180 Otyoto, o altar da família
181 O viajante

MANUAL PARA AMANTES DESESPERADOS [2007]

187 [Mantém a tua mão]
188 [Pode ser que me encontres]
189 [Deixa a mão pousada na duna]
190 [Dormias]
191 [Devia olhar o rei]
192 [Deixa as mãos cegas]
193 [Nas tuas mãos]
194 [Reconheço a tua voz]
195 [Nas tuas mãos começava]
196 Do livro das viagens
200 [Adélia segura a minha mão]
201 [Das duas de mim só percebeste]
202 [Esta manhã dói-me mais do que é costume]
203 Otyoto
204 [Frio frio frio]
205 [Debaixo da árvore da febre]
208 Fala do velho
209 Fala da velha
210 [Então, perto do limite, ele cumpriu a promessa]
211 [No deserto vi as estelas]

COMO VEIAS FINAS NA TERRA [2010]

215 Entre luz e sombra
217 Os novos cadernos de fabro
218 II.
219 III.
220 IV.
221 V.
222 VI.
223 I.
224 II.

225	[Segura para mim o tempo]
226	[Quantas coisas do amor]
227	[Ouço-te respirar entre as sílabas do poema]
228	A cabeça de nefertiti
230	[Havia tantos pássaros]
231	[O corpo ficou fechado para as estações]
232	[Começa a história]
233	[Ela caminhava lentamente]
234	Adorno
235	[Um dia eu posso chegar demanhãzinha]
236	[Não digo a palavra mesmo que o musgo]
237	[Fala da amada]
238	A chuva
239	[Fosse urdu a minha língua]
240	[Contarei de ti o]
241	[Toda a tua vida]
242	[Agora que habito um país de silêncio]
243	[Compraste o meu amor]
244	[Estico até à seda]
245	[Detenho-me no cais]
246	[Anseias por chegar a casa]
247	[É sempre à noite que mais dói]
248	[Paisagens confundidas]
249	A casa de meu pai
250	[Choro no dia seguinte]
251	[O senhor do templo fechou]
252	[Não sei do céu]
253	Peixes
254	La dame à la licorne
255	[A mulher de palavras antigas]
257	[Vou agora encontrar o lugar]
258	[Para onde eu vou]
259	Posfácio, por *Carmen Lucia Tindó Secco*

Este livro foi impresso em julho de 2011,
na Gráfica Edelbra, em Erechim. Os papéis de miolo
são o offset 75g e o offset 90g. O papel de capa é o cartão 250g.